Sevgi:
Yasa'nın Tamamlanması

Sevgi:
Yasa'nın Tamamlanması

Dr. Jaerock Lee

Sevgi: Yasa'nın Tamamlanması Yazar:Dr. Jaerock Lee
Urim Kitapları tarafından yayınlanmıştır (Temsilci: Johnny H. kim)
73, Yeouidaebang-ro 22-gil, Dongjak-gu, Seoul, Korea
www.urimbooks.com

Tüm Hakları Saklıdır. Yayınevinin yazılı izni olmadan bu yayının herhangi bir biçimde çoğaltılması, bilgisayar ortamında kullanılması, fotokopi yoluyla dağıtılması veya herhangi bir şekilde (elektronik, mekanik, kayıt) yayınlanması yasaktır.

Aksi belirtilmedikçe, tüm alıntılar Türkçe Kutsal Kitap'tan alınmıştır. Eski Antlaşma © The Bible Society in Turkey, 2001 Yeni Antlaşma © Thre Translation Trust, 1987, 1994, 2001

Telif Hakkı @2015 Dr. Jaerock Lee
ISBN: 979-11-263-1290-0 03230
Çeviri Hakkı @ 2014 Dr. Esther K. Chung. İzin alınmıştır.

İlk Baskı Ağustos 2015

Daha önce Kore dilinde Urim Kitapları tarafından 2009 yılında yayınlanmıştır.

Editör: Dr. Geumsun Vin
Urim Kitapları Yazı İşleri Ofisi tarafından tasarlanmıştır.
Daha fazla bilgi için: urimbook@hotmail.com

"Seven kişi komşusuna kötülük etmez. Bu nedenle sevmek Kutsal Yasa'yı yerine getirmektir."

Romalılar 13:10

Önsöz

Okuyucuların, ruhani sevgi aracılığıyla
Yeni Yeruşalim'i elde etmesi umuduyla

Büyük Britanya'daki bir reklam şirketi, İskoçya'nın Edinburgh şehrinden İngiltere'nin Londra şehrine en hızlı seyahat yolunu halka bir quiz ile sordu. Yanıtının seçileceği kişiye büyük bir ödül verilecekti. Yanıtı seçilen kişi, 'sevdiğiyle seyahat' edebilecekti. Sevdiğimiz kişiyle seyahat ediyorsak, en uzun yolun bile kısa geleceğini biliriz. Benzer şekilde, Tanrı'yı seviyorsak O'nun buyruklarını yerine getirmek zor değildir (1. Yuhanna 5:3). Tanrı, bizlere zorluk çıkarmak için Yasa'yı vermedi ve buyruklarını tutmamızı söylemedi.

'Yasa' kelimesi, 'kanunlar' ve 'dersler' anlamına gelen İbranice 'Torah' sözcüğünden gelir. Torah, genellikle On Buyruğunda içinde olduğu Tevrat'ın ilk beş kitabıdır. Fakat 'Yasa' ayrıca bir bütün olarak Kutsal Kitap'ın 66 kitabı ya da sadece Tanrı'nın belli şeyleri yapmamızı, yapmamamızı, tutmamızı veya söküp atmamızı söylediği kanunlardır. İnsanlar, Yasa ile sevginin birbirleriyle ilişkili olmadığını düşünebilirler, ama bu ikisi ayrılamaz. Sevgi, Tanrı'ya aittir ve Tanrı'yı sevmeden Yasa'yı tamamıyla tutamayız. Yasa ancak onu sevgiyle tatbik ettiğimizde yerine getirilebilir.

Sevginin gücünü bizlere gösteren bir hikâye vardır. Genç bir adam, küçük bir uçakla çölü geçerken düşer. Babası çok zengin bir adamdır ve oğlunun bulunması için arama-kurtarma ekibi tutar, ama nafiledir. Çöle, milyonlarca el ilanı atar. İlanın üzerinde yazan şudur; "Oğlum, seni seviyorum." Çölde dolanan oğlu, bunlardan birini bulur ve sonunda kurtulabilmesini sağlayan cesareti ona verir. Babanın gerçek sevgisi, oğlunu kurtarmıştır. Tıpkı çöle el ilanlarını dağıtan baba gibi, bizlerde Tanrı'nın sevgisini sayısız insana dağıtmalıyız.

Tanrı, günahkâr olan insanları kurtarması için biricik oğlunu yeryüzüne yollayarak sevgisini kanıtlamıştır. Fakat İsa'nın zamanında yaşayan ve kanunları sayan insanlar, Yasa'nın formalitelerine takılıyor, Tanrı'nın gerçek sevgisini anlamıyorlardı. Sonunda, Yasa'yı yıkan bir kâfir olarak, Tanrı'nın biricik oğlu İsa'yı suçladılar ve çarmıha gerdiler. Yasa'nın içerdiği Tanrı sevgisini anlamadılar.

1. Korintliler 13. Bölüm, 'ruhani sevginin' örneğini gayet iyi betimler. Günah yüzünden ölüme mahkûm olan bizleri kurtarmak için biricik oğlunu gönderen Tanrı'nın sevgisiyle tüm göksel görkemini terk ederek çarmıhta ölen Rabbin sevgisi hakkında yazar. Eğer bizlerde dünyada ölmekte olan sayısız insana Tanrı'nın sevgisini iletmek istiyorsak, bu ruhani sevgiyi anlamak ve uygulamak zorundayız.

"Size yeni bir buyruk veriyorum: Birbirinizi sevin. Sizi sevdiğim gibi siz de birbirinizi sevin. Birbirinize sevginiz olursa, herkes bununla benim öğrencilerim olduğunuzu anlayacaktır" (Yuhanna 13:34-35).

Artık bu kitap basıldığına göre okuyucular, ruhani sevgiyi ne kadar yetiştirmiş ve gerçekle kendilerini ne kadar değiştirmiş olduklarını kontrol edebilirler. Yazı İşleri Müdür Geumsun Vin'e teşekkür ediyorum ve umut ediyorum ki tüm okuyucular Yasa'yı sevgiyle tamamlayıp göksel egemenliğin en güzel yeri olan Yeni Yeruşalim'i sonunda elde edebilsinler.

Jaerock Lee

Giriş

Tanrı'nın gerçeğiyle yetkin sevgiyi yetiştirerek okuyucuların değişmesi umuduyla

Bir TV kanalı, evli kadınlar hakkında bir anket araştırması yürüttü. Soru şuydu: Eğer yeniden seçebilselerdi, aynı kocalarla evlenmeyi isterler miydi? Sonuç şok ediciydi. Kadınların sadece %4'ü aynı kocayı istediler. Kocalarını sevdikleri için onlarla evlenmiş olmalıydılar; öyleyse fikirlerini neden değiştirdiler? Çünkü ruhani sevgiyle sevmemişlerdi. Sevgi: Yasa'nın Tamamlanması adlı bu çalışma, işte bu ruhani sevgiyi bizleri öğretecek.

"Sevginin Önemi" adlı 1.kısım eşler, çocuklarla ebeveynler, arkadaşlar ve komşular arasındaki çeşitli sevgi biçimlerini ele alır ve böylece bizlere ruhani sevgiyle benliğin sevgisi arasındaki fark hakkında fikir verir. Ruhani sevgi, karşılık bekleme arzusunda olmadan değişmeyen bir yürekle diğer kişiyi sevmektir. Öte yandan benliğin sevgisi, farklı durumlar ve koşullar altında değişir ve bu nedenle ruhani sevgi değerli ve güzeldir.

"Sevgi Bölümündeki gibi Sevgi" adlı 2.kısım, 1. Korintliler 13'ü üçe ayırır. 'Tanrı'nın Arzuladığı Sevgi'(1. Korintliler 13:1-3) adlı ilk bölüm, ruhani sevginin önemi üzerinde duran giriş bölümüdür. 'Sevginin Özellikleri' (1. Korintliler 13:4-7) adlı ikinci bölüm ana bölümdür ve bizlere ruhani sevginin 15 özelliğinden bahseder. 'Yetkin Sevgi' adlı üçüncü bölüm, bu dünyadaki yaşamlarımız sırasında göksel egemenliğe doğru ilerlerken kısa süreli iman ve umuda ihtiyacımız olduğunu ve sevginin göksel egemenlikte sonsuza dek sürdüğünü bilmemizi sağlayan sonuç bölümüdür.

"Sevgi, Yasa'nın Tamamlayıcısıdır" adlı 3.kısım, Yasa'nın sevgiyle tamamlanmasının ne olduğunu açıklar. Ayrıca biz insanları yeryüzünde yetiştiren Tanrı'nın ve bizler için kurtuluş yolunu açan Rabbin sevgisini iletir.

'Sevgi Bölümü', Kutsal Kitap'ın 1189 bölümünden biridir. Fakat bizlere Yeni Yeruşalim yolunu detaylıca öğrettiğinden tonlarca hazineyi nerede bulacağımızı gösteren bir hazine haritası gibidir. Haritamız olmasına ve yolu bilmemize rağmen bize gösterilen yoldan gitmediğimiz takdirde bir anlamı yoktur. Kısaca, ruhani sevgiyi uygulamıyorsak anlamsızdır.

Tanrı, ruhani sevgiden hoşnuttur ve gerçek olan Tanrı Sözünü duyduğumuz ve uyguladığımız ölçüde bu ruhani sevgiye sahip olabiliriz. Bir kez ruhani sevgiye sahip olursak Tanrı'nın sevgi ve kutsamalarını alabilir, göklerdeki en güzel yer olan Yeni Yeruşalim'e sonunda girebiliriz. Sevgi, Tanrı'nın insanı yaratmasının ve onları yetiştirmesinin nihai amacıdır. Yeni Yeruşalim'in inciden kapılarını açacak anahtarlarını elde etmek için, tüm okuyucuların önce Tanrı'yı sevmesi ve kendilerini sevdikleri gibi komşularını sevmesi için dua ediyorum.

Geumsun Vin
Yazı İşleri Müdür

İçindekiler

Önsöz · VII

Giriş · XI

1. Kısım Sevginin Önemi

    Bölüm 1 Ruhani Sevgi · 2

    Bölüm 2 Benliğin Sevgisi · 10

2. Kısım Sevgi Bölümündeki Sevgi

    Bölüm 1 Tanrı'nın Arzuladığı Sevgi · 24

    Bölüm 2 Sevginin Özellikleri · 42

    Bölüm 3 Yetkin Sevgi · 160

3. Kısım Sevgi, Yasa'nın Tamamlayıcısıdır

    Bölüm 1 Tanrı'nın Sevgisi · 172

    Bölüm 2 Mesih'in Sevgisi · 184

"Eğer yalnız sizi sevenleri severseniz, bu size ne övgü kazandırır? Günahkârlar bile kendilerini sevenleri sever."

Luka 6:32

1. Kısım
Sevginin Önemi

Bölüm 1 : Ruhani Sevgi

Bölüm 2 : Benliğin Sevgisi

Ruhani Sevgi

"Sevgili kardeşlerim, birbirimizi sevelim. Çünkü sevgi Tanrı'dandır. Seven herkes Tanrı'dan doğmuştur ve Tanrı'yı tanır. Sevmeyen kişi Tanrı'yı tanımaz. Çünkü Tanrı sevgidir."
(1. Yuhanna 4:7-8)

Salt 'sevgi' kelimesini duymak kalbimizi küt küt attırır ve düşüncelerimizi titretir. Eğer birini sevebilir ve tüm hayatımız boyunca gerçek sevgiyi paylaşabilirsek, bu, en üst düzeyde mutluluğun olduğu bir yaşam olur. Bazen sevginin gücüyle ölüm gibi hallerin üstesinden gelen ve yaşamlarını güzelleştiren insanları duyarız. Sevgi, mutlu bir yaşam sürdürmek için gereklidir; yaşamlarımızı değiştirme gücüne sahiptir.

Merriam-Webster Online Sözlük, sevgiyi 'yakınlık ve şahsi bağlardan ortaya çıkan güçlü duygusal yakınlık' ya da "hayranlık, ihsan ya da ortak ilgi alanlarından doğan duygusal yakınlık' olarak tanımlar. Fakat Tanrı'nın bahsini ettiği sevgi, bunların daha üzerinde olan ruhani sevgidir. Ruhani sevgi, başkalarının çıkarlarını gözetir; onlara sevinç, umut ve yaşam verir, asla değişmez. Dahası, bu geçici ve dünyevi yaşamda sadece bize faydalı olmakla kalmaz, ama ruhlarımızı kurtuluşa taşır, bizlere sonsuz yaşamı bahşeder.

Kocasını Kiliseye Yönlendiren Bir Kadının Hikâyesi

Hristiyan yaşamında sadık bir kadın vardı. Fakat eşi karısının kiliseye gitmesinden hoşlanmıyor ve ona zorluk çıkarıyordu. Kadın, bu zorluklar içinde dahi her gün şafak duası toplantılarına katılıyor ve kocası için dua ediyordu. Bir gün kocasının ayakkabılarını yanına alarak sabahın erken saatlerinde dua etmeye gitti. Kocasının ayakkabılarını göğsüne bastırarak gözyaşları içinde şöyle dua etti: "Tanrım, bu gün sadece bu ayakkabılar kiliseye geldi, ama ileride ayakkabılarının sahibinin kiliseye gelmesini de sağla."

Bir süre sonra şaşırtıcı bir şey oldu. Kocası kiliseye geldi. Hikâyenin bu bölümü şöyle devam eder: Belli bir süre sonra kocası iş için evden ne zaman ayrılsa ayakkabılarında bir sıcaklık hissetti. Ve bir gün karısının ayakkabılarıyla bir yere gittiğini görerek onu takip etti. Kiliseye gidiyordu.

Üzülmüştü, ama merakının önüne geçemedi. Eşinin ayakkabılarıyla kilisede ne yaptığını öğrenmesi gerekiyordu. Sessizce kiliseye girdi, karısı ayakkabılarını sıkıca göğsünde tutarak dua ediyordu. Tüm duayı duydu ve duanın her bir kelimesi kendisinin iyiliği ve kutsanması içindi. Duygulandı ve karısını ettiği muameleye üzülmekten kendini alamadı. Sonunda karısının sevgisi kocaya tesir etti ve sadık bir Hristiyan oldu.

Bu durumda olan kadınların çoğu genelde bana gelip kocaları için dua etmemi isterler ve şöyle derler: "Kiliseye geliyorum diye kocam bana zorluk çıkarıyor. Lütfen kocamın bana zulmü dursun diye benim için dua et!" O zaman onları şöyle yanıtlarım: "Hızla kutsallaşın ve ruha ulaşın. Sorunlarınızı çözmenizin yolu budur." Günahlarını söküp attıkları ve ruha ulaştıkları ölçüde kocalarına daha fazla ruhani sevgi verecekler. Yürekten kendisine karşı fedakâr olup hizmet eden bir eşe hangi koca zorluk çıkarır?

Geçmişte kadınlar tüm suçu kocalarına atarlardı, ama şimdi gerçekle değiştiklerinden suçlanacak kişinin kendileri olduğunu itiraf eder ve kendilerini alçakgönüllü kılarlar. Ve o zaman ruhani ışık karanlığı dağıtır, kocalarda değişir. Kendilerine zorluk çıkaran biri için kim dua eder? İhmal edilen komşuları için kendini kim feda eder ve onlar için gerçek sevgiyi yayar? Rab'den gerçek sevgiyi öğrenen Tanrı'nın çocukları, böyle bir sevgiyi başkalarına iletebilir.

Davut'la Yonatan'ın Değişmeyen Sevgisi ve Dostluğu

Yonatan, İsrail'in ilk kralı Saul'un oğluydu. Filistlilerin şampiyonu Golyat'ı sapan ve taşla devirdiğini gördüğünde, onun üzerine Tanrı'nın ruhunun indiği bir savaşçı olduğunu anladı. Davut'un cesareti, kendisi de bir ordu komutanı olan Yonathan'ın yüreğini ele geçirdi. O andan itibaren Yonathan, Davut'u kendisi gibi sevdi ve çok güçlü bir dostluk kurdular. Yonathan, Davut'u öylesine çok sevdi ki ondan hiçbir şeyi esirgemedi.

Saul'la Davut'un konuşması sona erdiğinde, Saul oğlu Yonatan'ın yüreği Davut'a bağlandı. Yonatan onu canı gibi sevdi. O günden sonra Saul Davut'u yanında tuttu ve babasının evine dönmesine izin vermedi. Yonatan, Davut'a beslediği derin sevgiden ötürü, onunla bir dostluk antlaşması yaptı. Üzerinden kaftanını çıkarıp zırhı, kılıcı, yayı ve kuşağıyla birlikte Davut'a verdi (1. Samuel 18:1-4).

Yonathan, Kral Saul'un ilk doğan oğlu olarak tahtın varisiydi ve insanlar tarafından çok sevildiği için Davut'tan kolayca nefret edebilirdi. Fakat kral unvanı için hiçbir arzusu yoktu. Aksine Saul, tahtını korumak için Davut'u öldürmeye çalıştığında, Davut'u korumak için Saul yaşamını riske attı. Bu sevgisi ölene dek asla değişmedi. Yonathan, Gilboa Savaşı'nda öldüğünde, Davut yas tuttu, ağladı ve akşama dek oruç tuttu.

Senin için üzgünüm, kardeşim Yonatan. Benim için çok değerliydin. Sevgin kadın sevgisinden daha üstündü (2. Samuel 1:26).

Davut kral olduktan sonra Yonathan'ın tek oğlu Mefiboşet'i buldu, Saul'un her şeyini ona teslim etti ve kendi oğluymuş gibi saraya aldı (2. Samuel 9). İşte ruhani sevgi tıpkı bu şekilde kişiye çıkar sağlamasından ziyade zarar vermesine rağmen değişmeyen bir yürekle bir kişinin tüm yaşamı boyunca diğer kişiyi sevmesidir. Karşılığına bir şey almanın umuduyla iyi olmak gerçek sevgi değildir. Ruhani sevgi, saf ve gerçek bir güdüyle kişinin kendisini feda etmesi ve koşulsuzca başkalarına vermeye devam etmesidir.

Tanrı'nın ve Rab'bin Bizlere Olan Değişmeyen Sevgisi

Pek çok insan, yaşamlarındaki benliğin sevgisi yüzünden yürek burkan acılar deneyim ederler. Kolayca değişen sevgi yüzünden acı ve yalnızlık hissedersek, bizleri avutacak ve dostumuz olacak bir vardır. O kişi Rab'dir. O, masum olmasına rağmen insanlarca hor görüldü, yapayalnız bırakıldı (Yeşaya 53:3); bu sebeple yüreklerimizi gayet iyi anlar. Acılarımızı yüklenmek için göksel görkemini terk edip bu dünyaya geldi. Bunu yaparak bizlerin gerçek avutucusu ve dostu oldu. Çarmıhta ölene dek bizlere gerçek sevgiyi bahşetti.

Tanrı'ya iman eden biri olmadan önce pek çok hastalıktan çekiyor, yoksulluk yüzünden adamakıllı acı ve yalnızlığı deneyim ediyordum. Yedi yıl hasta olduktan sonra geriye hasta bir beden, artan borçlar, insanların hor görmesi, yalnızlık ve çaresizlik kalmıştı. Güvendiğim ve sevdiğim herkes beni terk etmişti. Fakat tüm evrende tamamıyla yalnız hissettiğim bir zamanda bir kişi bana geldi. O, Tanrı'ydı. Tanrı'yı bulunca bir seferde tüm hastalıklarımdan iyileştim ve yeni bir yaşam sürmeye başladım.

Tanrı'nın bana bahşettiği sevgi ücretsiz bir armağandı. O'nu ilk ben sevmedim. İlk O, bana geldi ve ellerini uzattı. Kutsal Kitap'ı okumaya başlayınca Tanrı'nın bana olan sevgisini duyabildim.

Ama RAB, "Kadın emzikteki çocuğunu unutabilir mi?" diyor, Rahminden çıkan çocuktan sevecenliği esirger mi? Kadın unutabilir, Ama ben seni asla unutmam. Bak, adını avuçlarıma kazıdım, Duvarlarını gözlüyorum sürekli (Yeşaya 49:15-16).

Tanrı biricik Oğlu aracılığıyla yaşayalım diye O'nu dünyaya gönderdi, böylece bizi sevdiğini gösterdi. Tanrı'yı biz sevmiş değildik, ama O bizi sevdi ve Oğlu'nu günahlarımızı bağışlatan kurban olarak dünyaya gönderdi. İşte sevgi budur (1. Yuhanna 4:9-10).

Herkes beni terk ettikten sonra sıkıntılarımla boğuşurken bile Tanrı beni terk etmedi. O'nun sevgisini hissettiğimde gözlerimden akan yaşları durduramadım. Çekmiş olduğum sıkıntılardan dolayı Tanrı'nın sevgisinin gerçek olduğunu hissedebildim. Artık pek çok insanın yüreğimi avutan bir peder, Tanrı hizmetkârıyım ve Tanrı'nın bana verdiğini geri ödüyorum.

Tanrı, sevginin ta kendisidir. Biz günahkârlar için biricik oğlu İsa'yı bu dünyaya göndermiştir. Ve birçok güzel ve değerli şeyler koyduğu göksel egemenliğe gitmemiz için bizleri beklemektedir. Eğer birazcık yüreğimizi açarsak, Tanrı'nın zarif ve bol sevgisini duyumsayabiliriz.

Tanrı'nın görünmeyen nitelikleri – sonsuz gücü ve Tanrılığı – dünya yaratılalı beri O'nun yaptıklarıyla anlaşılmakta, açıkça görülmektedir. Bu nedenle özürleri yoktur (Romalılar 1:20).

Neden güzel doğayı bir düşünüyor musunuz? Mavi gökyüzü, berrak deniz ve tüm bitkilerle ağaçlar, Tanrı'nın bizler için yarattığı şeylerdir ki yeryüzünde yaşarken göksel egemenliğe girene dek onun umudunu besleyebilelim.

Kıyıya vuran dalgalardan, dans edermiş gibi hareket eden ışıltılı yıldızlardan, dev çağlayanların gürültüsünden ve bizleri yalayıp geçen esintilerden Tanrı'nın, "Sizi seviyorum" diyen nefesini duyumsayabiliriz. Bu seven Tanrı'nın çocukları seçildiğimizden bizlerin sevgisi nasıl olmalıdır? Koşullar çıkarlarımıza uymadığında değişen anlamsız bir sevgiye değil, sonsuz ve gerçek bir sevgiye sahip olmalıyız.

Benliğin Sevgisi

"Eğer yalnız sizi sevenleri severseniz, bu size ne övgü kazandırır? Günahkârlar bile kendilerini sevenleri sever."
Luka 6:32

Yüzleri Celile Gölü'ne karşı olan büyük bir kalabalığın önünde durmakta olan bir adam vardır. Adamın gerisinde duran gölün mavi çırpıntıları, yumuşak esintilerin kollarında dans eder gibi görünürler. Tüm insanlar, O'nun sözlerini dinlemek için sessizliğe bürünmüş haldedir. Kâh orada kâh şurada ya da şu küçük tepenin üzerinde oturan insan kalabalığına dünyanın tuzu ve ışığı olmalarını, düşmanlarını bile sevmelerini yumuşak ama kararlı bir tonla anlatıyordu.

Eğer yalnız sizi sevenleri severseniz, ne ödülünüz olur? Vergi görevlileri de öyle yapmıyor mu? (Matta 5:46-47)

İsa, bunları anlatırken inanlı olmayan ve hatta kötü olanlar bile kendilerine karşı iyi davrananlara ve çıkarları oldukları insanlara sevgi gösterebiliyorlardı. Birde sahte sevgi vardır ki, dışarıdan iyi görünür ama içte gerçek değildir. Bu, ufacık şeyler yüzünden bile belli bir zaman sonra değişen, bozulan ve bin parçaya ayrılan benliğin sevgisidir.

Benliğin sevgisi, geçen zamanla her an değişebilir. Eğer durum ya da koşullar değişirse, benliğin sevgisi değişebilir. İnsanlar, menfaat ve çıkarlarına göre duruşlarını sıklıkla değiştirme eğiliminde olurlar. İnsanlar ancak önce bir şey aldıkları takdirde ya da verilenin kendilerine bir faydası var ise vericidirler. Eğer veriyor ve karşılığında aynı miktarda almayı istiyorsak ya da karşılık olarak bir şey almadığımızda hayal kırıklığına uğruyorsak, bunun nedeni benliğin sevgisine sahip olmamızdır.

Ebeveynlerle Çocuklar Arasındaki Sevgi

Sürekli çocuklarına veren ebeveynlerin sevgisi, pek çoğumuzu yürekten duygulandırır. Anne ve babalar, tüm güçleriyle çocuklarını yetiştirdikten sonra bunun zor olduğunu söylemezler çünkü çocuklarını severler. Kendileri doğru düzgün yemeseler ve giyinmeseler de, genellikle çocuklarına iyi şeyleri vermek ebeveynlerin arzusudur. Fakat çocuklarını seven ebeveynlerin yüreğinde de kendi çıkarlarını gözeten bir köşe vardır. Eğer çocuklarını gerçekten seviyorlarsa, karşılığında hiçbir şey istemeden hayatlarını bile verebilmelidirler. Oysa aslında kendi çıkarları ve itibarı için çocuklarını yetiştiren pek çok ebeveyn vardır. Çocuklarına şöyle derler: "Bunu senin iyiliğin için söylüyorum." Fakat aslında kendilerinin üne ya da parasal çıkarlara olan arzularını tatmin etmek için çocuklarını kontrol etmeye çalışmaktadırlar. Çocuklar kendi yolunu seçtiklerinde ya da evlendiklerinde, eğer anne ve babalarının kabul etmediği bir yolu ya da eşi seçerlerse, ebeveynleri şiddetle karşı çıkar ve hayal kırıklığına uğrarlar. Bu, onların çocuklarına olan adanmışlıklarının ve fedakârlıklarının neticede koşullu olduğunu kanıtlar. Verdikleri sevginin karşılığında çocukları vasıtasıyla istediklerini almaya çalışırlar.

Çocukların sevgisi genelde anne ve babaların sevgisine nazaran daha azdır. Bir Kore deyişi şöyle der: "Eğer anne-babalar uzun süre bir hastalıktan çekerse, tüm çocukları onları terk eder." Eğer anne-babalar hasta ve yaşlıysa ve eğer iyileşmeleri için hiçbir ümit yoksa ve çocukları onlara bakmak zorundaysa, bu durumla uğraşmayı giderek daha zor bulurlar. Küçük çocuklarken şöyle şeyler söylerler: "Ben hiç evlenmeyeceğim ve sizlerle yaşayacağım anne ve baba." Yaşamlarının sonuna kadar anne ve babalarıyla yaşamak istediklerini gerçekten düşünebilirler. Fakat büyüdükçe anne ve babalarıyla daha az ilgili olurlar çünkü hayatlarını idame etmekle meşguldürler. Şu günlerde insanların yürekleri öylesine günaha duyarsız ve kötülük ise öylesine yaygındır ki bazen ebeveynler çocuklarını, bazense çocuklar ebeveynlerini öldürürler.

Karı-Koca arasındaki Sevgi

Peki ya evli çiftler arasındaki sevgi? Flört ederken birbirlerine, "Sensiz yaşayamam. Seni sonsuza dek seveceğim" gibi tatlı sözler sarf ederler. Oysa evlendikten sonra ne olur? Eşlerine sinirlenerek, "Senin yüzünden istediğim gibi hayatımı yaşayamıyorum. Beni aldattın!" derler.

Önceden birbirlerine olan sevgilerini dile getirirken, evlendikten sonra sıklıkla ailevi, eğitim veya kişilik farklılıkları yüzünden ayrılık ya da boşanmadan bahsederler. Eğer yemek, kocanın istediği gibi değil ise, "Bu ne biçim yemek? Yiyecek hiçbir şey yok," diye karısına yakınır. Ayrıca koca yeterince para kazanmıyorsa karısı, "Bir arkadaşımın eşi müdür, diğeri ise genel müdür olarak çoktan terfi etti. Sen ne zaman terfi edeceksin? Bir diğer arkadaşım büyük bir ev ve yeni bir araba aldı. Peki ya biz? Ne zaman daha iyi şeylere sahip olacağız?" diye dırdır eder.

Kore'de aile içi şiddet istatistiklerine göre neredeyse tüm evli çiftlerin yarısı eşlerine karşı şiddete başvurmaktadır. Evli çiftlerin pek çoğu sahip oldukları o ilk sevgiyi kaybederler ve birbirlerinden nefret edip kavga etmeye başlarlar. Son zamanlarda balayılarında ayrılan çiftler olmaktadır. Ayrıca evlilik ile boşanma arasındaki takribi süre küçülmektedir. Eşlerini çok sevdiklerini düşünmüşlerdi, ama yaşadıkça birbirlerini olumsuz yanlarını görürler. Düşünce şekilleri ve zevkleri farklı olduğundan bir meseleden diğerine sürekli fikir ayrılığı içinde olurlar. Böyle davrandıkça sevgi olduğunu düşündükleri tüm duyguları soğur.

Birbirleriyle sorunları olmasa bile birbirlerine alışırlar ve ilk sevginin o duyguları geçen zamanla soğur. O zaman gözlerini başka erkek ve kadınlara çevirirler. Koca, sabahları darmadağınık görünen karısı yüzünden hayal kırıklığına uğrar ve karısı yaşlanıp şişmanladıkça artık hoş görünmediğini düşünür. Sevginin zamanla derinleşmesi gerekirken çoğunlukla öyle olmaz. Neticede onlardaki bu değişiklikler, kendi çıkarını gözeten benliğin bu sevgisini destekler.

Kardeşler arasındaki Sevgi

Aynı ebeveynlere doğan ve birlikte büyüyen kardeşlerin, diğer insanlara nazaran birbirlerine daha yakın olması gerekir. Pek çok şeyi birlikte paylaştıkları ve birbirlerine karşı sevgi besledikleri için birbirlerine güvenebilirler. Ama bazı kardeşler arasında rekabet vardır, diğer kız ve erkek kardeşlerini kıskanırlar.

İlk doğanlar, anne-babalarının kendileri için olan sevgilerinin şimdi alınıp küçük kardeşlerine verildiğini kolayca hissedebilir.

Kendilerini ağabey ya da ablalarından değersiz hissettiklerinden tutarsız hissedebilirler. Hem kendilerinden yaşça büyük hem de küçük kardeşleri olan ortancalar, büyük olanların karşısında kendilerini değersiz ve küçüklere de boyun eğmek zorunda olduklarından külfet hissederler. Ayrıca anne-babalarının dikkatini çekmedikleri için mağdur oldukları hissine kapılabilirler. Eğer kardeşler uygun şekilde bu hislerin üstesinden gelmezlerse, birbirleriyle kötü ilişkileri olması muhtemeldir.

İnsanlık tarihindeki ilk cinayet, erkek kardeşler arasında olmuştur. Tanrı'nın kutsamaları yüzünden Kayin'in erkek kardeşi Habil'e olan kıskançlığıyla meydana geldi. O günden beri tarih boyunca kız ve erkek kardeş arasında sürekli çekişmeler ve kavgalar olmaktadır. Erkek kardeşleri Yusuf'tan nefret ettiğinden, onu bir köle olarak Mısır'a sattılar. Davut'un oğlu Avşalom, adamlarından birine erkek kardeşi Amnon'u öldürttü. Günümüzde pek çok kız ve erkek kardeş, anne ve babalarından kalan miras yüzünden birbirleriyle kavga ederler. Birbirlerine karşı düşman kesilirler.

Her ne kadar yukarıdaki vakalar gibi ciddi olmasa da, evlenip kendi ailelerini kurunca eskiden olduğu gibi kardeşlerine ilgi göstermezler. Ben, altı kız ve erkek kardeşin sonuncusu olarak doğdum. Ağabeylerim ve ablalarım tarafından çok sevildim, ama çeşitli hastalıklar yüzünden yedi yıl boyunca yatağa mahkûm olunca durumlar değişti. Onlar için giderek ağır bir yük oldum. Belli ölçüde hastalığımı iyileştirmeye çabaladılar, ama hiç umut görülmediğinde sırtlarını bana dönmeye başladılar.

Komşular arasındaki Sevgi

Korelilerin "Komşu Kuzen" anlamına gelen bir tabirleri vardır. Komşularımızın aile fertlerimiz kadar yakın olduğu anlamını taşır. İnsanların çoğu geçmişte tarımla uğraştığından komşular birbirlerine yardım eden öylesine değerli kişilerdi. Fakat bu ifade giderek daha da fazla gerçek olmaktan uzaklaşıyor. Son zamanlarda insanlar komşularına bile kapılarını kapalı ve kilitli tutuyor. Hatta ağır güvenlik sistemleri kullanıyoruz. İnsanlar yanlarında oturan komşularının bile kim olduğunu bilmiyorlar.

Başkalarını umursamıyorlar ve komşularının kim olduğunu öğrenmeye hiç niyetleri yok. Sadece kendilerini düşünüyor, sadece yakın aile fertlerini önemsiyorlar. Birbirlerine güvenmiyorlar. Ayrıca komşular kendilerine zorluk çıkarırsa ya da zararı dokunursa, onlarla kavga etmekten ya da onları dışlamaktan geri kalmıyorlar. Bu gün komşu olan pek çok kişi birbirlerini önemsiz meseleler yüzünden dava ediyor. Gürültü yaptıkları için üst katında oturan komşusunu bıçaklayan bir kişi vardı.

Arkadaşlar arasındaki Sevgi

Peki ya arkadaşlar arasındaki sevgi? Belli bir arkadaşın her zaman sizin yanınızda olduğunu düşünebilirsiniz. Fakat böyle düşündüğünüz bir arkadaşınız bile size ihanet edebilir ve sizi kırık bir kalple bırakabilir.

Bazı vakalarda bir kişi iflas ettiği için önemli miktarda parayı kendisine borç vermelerini ya da kendisine kefil olmalarını arkadaşlarından isteyebilir. Arkadaşları reddederse kendisine ihanet ettiklerini ve asla bir daha onları görmek istemediğini söyler. Bu durumda hatalı olan kim? Eğer arkadaşınızı gerçekten seviyorsanız o arkadaşınıza sorun çıkarmazsınız. Eğer iflas etmek üzereyseniz ve arkadaşlarınız size kefil oluyorsa, arkadaşlarınızın ve arkadaşlarınızın ailelerinin de sizin yüzünüzden sıkıntı çekecekleri kesindir. Arkadaşlarınızı böylesi risklere sokmak sevgi midir? Sevgi değildir. Fakat günümüzde böyle şeyler sıklıkla olur. Dahası, Tanrı'nın Sözü, teminat veya borç para alıp vermemizi ya da bir kişi için kefil olmamızı yasaklar. Tanrı'nın bu sözlerine itaatsizlik ettiğimizde çoğunlukla Şeytan'ın işleri meydana gelir ve işe karışan herkes zarara uğrar.

Oğlum, eğer birine kefil oldunsa, Onun borcunu yüklendinse, Düştünse tuzağa kendi sözlerinle, Ağzının sözleriyle yakalandınsa (Özdeyişler 6:1-2).

El sıkışıp Başkasının borcuna kefil olmaktan kaçın (Özdeyişler 22:26).

Bazı insanlar, kazanç elde edebilecekleri arkadaşlıklar kurmanın akıllıca olduğunu düşünürler. Günümüzde isteyerek komşuları ya da arkadaşları için zamanını, çabasını ve parasını samimi bir sevgiyle verecek bir insan bulabilmek zordur.

Çocukluğumdan bu yana pek çok arkadaşım oldu. Tanrı'ya iman etmeden önce hayatım gibi arkadaşlarım arasındaki sadakate inandım. Dostluğumuzun sonsuza dek süreceğini düşündüm.

Fakat uzunca bir süre hasta yatağında kaldığımda arkadaşlar arasındaki bu sevginin de çıkarlar doğrultusunda değiştiğini tamamıyla kavradım.

İlk başta arkadaşlarım iyi doktorları veya halk ilaçlarını bulmak için araştırmalar yapıyor ve beni onlara götürüyordu, ama hiç iyileşmediğimde teker teker beni terk ettiler. Geriye içki ve kumar arkadaşlarım kalmıştı. Bu arkadaşlarım bile beni sevdikleri için değil, ama sadece bir süreliğine kalacak bir yere ihtiyaçları olduğu için bana geldiler. Benliğin sevgisiyle dahi birbirlerini sevdiklerini söylerler, ama kısa zamanda bu değişir.

Ebeveynler ve çocuklar, kız ve erkek kardeşler, arkadaşlar ve komşular kendi çıkarlarını aramasaydı ve asla başkalarına olan davranışlarını değiştirmeseydi ne iyi olurdu? Eğer bu olursa, ruhaniye sevgiye sahip oldukları anlamına gelir. Fakat çoğunlukla bu ruhani sevgiye sahip değillerdir ve bu sevgide gerçek bir tatmini bulamazlar. Aile fertlerinde ve çevrelerindeki insanlarda sevgiyi ararlar. Fakat bunu yapmaya devam ettikçe susuzluklarını dindirmek için deniz suyu içiyorlarmış gibi sevgiye daha da susarlar.

Blaise Pascal, her insanın yüreğinde yaratılmış bir şeyle doldurulmayan Tanrı-biçiminde bir boşluk olduğunu ve o boşluğun ancak İsa'nın aracılığıyla bilinebilen Yaratan Tanrı tarafından doldurulabileceğini söylemiştir. Gerçek bir tatmini duyumsayamayız ve o boşluk Tanrı'nın sevgisiyle doldurulmadığı takdirde boşluk duygusundan çekeriz. Öyleyse bu, asla değişmeyen ruhani sevginin dünyada olmadığı anlamına mı gelir? Gelmez. Yaygın değildir, ama ruhani sevgi kesinlikle mevcuttur. 1.

Korintliler Bölüm 13 açık bir şekilde gerçek sevgiyi bizlere anlatır.

Sevgi sabırlıdır, sevgi şefkatlidir. Sevgi kıskanmaz, övünmez, böbürlenmez. Sevgi kaba davranmaz, kendi çıkarını aramaz, kolay kolay öfkelenmez, kötülüğün hesabını tutmaz. Sevgi haksızlığa sevinmez, gerçek olanla sevinir. Sevgi her şeye katlanır, her şeye inanır, her şeyi umut eder, her şeye dayanır (1. Korintliler 13:4-7).

Tanrı, bu çeşit sevgiyi ruhani ve gerçek sevgi olarak adlandırır. Eğer Tanrı'nın sevgisini bilir ve gerçekle değişirsek ruhani sevgiye sahip olabiliriz. Bize faydası değil, ama zararı olsa bile yürekten ve değişmeyen bir tavırla birbirimizi sevebileceğimiz ruhani sevgiye sahip olalım.

Ruhani Sevgiyi Kontrol Etmenin Yolları

Tanrı'yı sevdiklerine yanlışlıkla inanan insanlar vardır. Gerçek ruhani sevgiyi ve Tanrı'nın sevgisini yetiştirdiğimiz dereceyi kontrol etmek için, arınma testleri, sınamaları ve zorluklarından geçerkenki duygu ve eylemlerimizi inceleyebiliriz. Gerçek sevgiyi yetiştirip yetiştirmediğimizi, gerçekten sevinip yüreklerimizin derinliklerinden şükran edip etmediğimizle ve sürekli Tanrı'nın isteği ardınca gidip gitmediğimizle kontrol edebiliriz.

Eğer durumdan yakınıyor ve şikâyetçi oluyorsak ve eğer dünyevi yöntemler arayıp insanlara sırtımızı dayıyorsak, bu, ruhani sevgiye sahip olmadığımız anlamına gelir. Sadece Tanrı bilgimizin kafalarımızda bir bilgi olduğunu, yüreklerimize koyup yetiştirdiğimiz bir bilgi olmadığını kanıtlar. Nasıl ki taklit para gerçeğine benziyor ama bir kâğıt parçasından ileri gidemiyorsa, bilgi olarak alınan bir sevgide gerçek sevgi değildir. Değersizdir. Eğer Rabbimize olan sevgimiz değişmiyorsa, her koşulda ve zorlukta Tanrı'ya güveniyorsak, o zaman ruhani sevgi olan gerçek sevgiyi yüreklerimizde yetiştirdiğimizi söyleyebiliriz.

"İşte kalıcı olan üç şey vardır: İman, umut, sevgi. Bunların en üstünü de sevgidir"

1. Korintliler 13:13

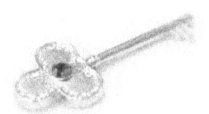

2. Kısım
Sevgi Bölümündeki Sevgi

Bölüm 1 : Tanrı'nın Arzuladığı Sevgi

Bölüm 2 : Sevginin Özellikleri

Bölüm 3 : Yetkin Sevgi

Tanrı'nın Arzuladığı Sevgi

"İnsanların ve meleklerin diliyle konuşsam, ama sevgim olmasa, ses çıkaran çıkaran bakırdan ya da zilden farkım kalmaz. Peygamberlikte bulunabilsem, bütün sırları bilsem, her bilgiye sahip olsam, dağları yerinden oynatacak kadar büyük imanım olsa, ama sevgim olmasa, bir hiçim. Varımı yoğumu sadaka olarak dağıtsam, bedenimi yakılmak üzere teslim etsem, ama sevgim olmasa, bunun bana hiçbir yararı olmaz."

1. Korintliler 13:1-3

Şimdi anlatıcıklarım Güney Afrika'daki bir yetimhane meydana gelen bir olaydır. Çocuklar teker teker hastalanmaya başladılar ve sayıları arttı. Hastalıklarının sebebini bulamıyorlardı. Teşhis koyabilmeleri için yetimhane bazı ünlü doktorları davet etti. Titiz bir araştırmadan sonra doktorlar şöyle dedi: "Uyanık olduklarında çocuklara on dakika sarılın ve onlara olan sevginizi gösterin."

Ne hayret ki, sebepsiz yere başlayan hastalıklar bitmeye başladı. Çünkü çocukların her şeyden çok ihtiyacı olduklar şey sıcak sevgiydi. Geçim masraflarıyla endişelenmek zorunda olmasak ve bolluk içinde yaşasak bile sevgisiz bir şekilde yaşam umuduna veya yaşama isteğine sahip olamayız. Sevginin hayatlarımızdan en önemli unsur olduğu söylenebilir.

Ruhani Sevginin Önemi

Sevgiyle ilgili bölüm olan 1. Korintliler 13. Bölüm ruhani sevgiyi detaylıca açıklamadan önce sevginin önemini vurgular. Çünkü eğer insanların ve meleklerin diliyle konuşsak, ama sevgimiz olmasa, ses çıkaran bakırdan ya da zilden farkımız olmaz.

'İnsanların dili' ile Kutsal Ruh'un armağanlarından biri olan dillerle konuşmak kastedilmez. İngilizce, Japonca, Fransızca ve Rusça gibi, yeryüzünde yaşayan insanların tüm dilleri kastedilir. Medeniyet ve bilgi bir sisteme göre düzenlenmiş ve diller aracılığıyla nakledilmiştir; bu yüzden dilin gücünün muazzam olduğunu söyleyebiliriz. Dil ile ayrıca duygularımızı ve düşüncelerimi ifade edip iletebilir ve böylece pek çok insanın yüreğini razı edebilir ya da dokunabiliriz. İnsanların dilinin, insanları harekete geçirme ve pek çok şeyi başarma gücü vardır.

'Meleklerin dili' ile güzel sözler kastedilir. Melekler, ruhsal varlıklardır ve 'güzelliği' temsil ederler. Güzel sesleriyle güzel sözler sarf eden kimi insanlar meleki olarak tasvir edilir. Fakat Tanrı, insanların zarif sözlerinin ya da melekler gibi güzel sözlerin sevgi olmadıkça ses çıkaran bakırdan ya da zilden farkı olmadığını söyler (1. Korintliler 13:1).

Aslında ağır ve katı bakır ya da çeliğe vurulduğunda güçlü ses vermez. Eğer bir bakırdan çok ses geliyorsa, içi ya boş ya da ince ve hafif demektir. Ziller, ince pirinçten yapıldıkları için çok ses çıkarırlar. Aynısı insan içinde geçerlidir. Ancak yüreklerimizi sevgiyle doldurarak Tanrı'nın gerçek oğulları ve kızları olduğumuzda tam baş vermiş buğday ile kıyaslanabiliriz. Öte yandan sevgileri olmayanlar tıpkı boş saman gibidir. Peki neden?

1. Yuhanna 4:7-8 ayetleri şöyle der: "Sevgili kardeşlerim, birbirimizi sevelim. Çünkü sevgi Tanrı'dandır. Seven herkes Tanrı'dan doğmuştur ve Tanrı'yı tanır. Sevmeyen kişi Tanrı'yı tanımaz. Çünkü Tanrı sevgidir." Kısaca, sevmeyenlerin Tanrı'yla hiçbir ilgisi yoktur ve içinde tanecik olmayan samanlar gibidirler.

Bu tür insanların sözleri zarif ve güzel olsa bile değersizdir çünkü başkalarına gerçek sevgi veya hayat veremezler. Ses çıkaran bakır ya da zil gibi diğer insanlara rahatsızlık verirler çünkü içleri boş ya da hafiftir. Diğer yandan sevgi içeren sözlerin yaşam verme hususunda olağanüstü bir gücü vardır. Bununla ilgili kanıtları İsa'nın yaşamında bulabiliriz.

Zengin Sevgi Yaşam Verir

Bir gün İsa, tapınakta öğretiyordu ve din bilginleriyle Ferisiler bir kadını huzuruna getirdiler. Kadın, zina ederken yakalanmıştı. Kadını oraya getiren din bilginleri ve Ferisilerin gözlerinde ufacık bir şefkat emaresi bile yoktu.

İsa'ya şöyle dediler: "Öğretmen, bu kadın tam zina ederken yakalandı" dediler. Musa, Yasa'da bize böyle kadınların taşlanmasını buyurdu, sen ne dersin?" (Yuhanna 8:4-5)

İsrail'de Yasa, Tanrı'nın Sözü ve Yasasıdır. Zina yapanların taşlanmasıyla ilgili bir hükmü vardır. Eğer İsa, Yasa'ya göre taşlanması gerektiğini söylemiş olsaydı, Kendi sözleriyle çelişkiye düşerdi çünkü insanlara düşmanlarını bile sevmelerini öğretiyordu. Eğer kadının bağışlanmasını söyleseydi açıkça Yasa'yı çiğniyor olurdu. Bu, Tanrı'nın Sözüne karşı gelmekti.

Din bilginleri ve Ferisiler, İsa'yı alaşağı etme şansını elde ettiklerini düşündüklerinden kendileriyle gurur duyuyorlardı. Onların yüreklerini gayet iyi bilen İsa eğildi ve parmağıyla toprağa bir şey yazdı. Ve sonra doğrulup şöyle dedi: "İçinizde kim günahsızsa, ilk taşı o atsın!" (Yuhanna 8:7)

İsa bir kez daha eğilip toprağa bir şeyler yazınca oradaki insanlar birer birer ayrılmaya başladı ve kadınla ikisi kaldılar. İsa,

Yasa'yı çiğnemeden bu kadının hayatını kurtardı.

Dıştan din bilginleri ve Ferisilerin söylediklerinde hiçbir yanlış yoktu çünkü Tanrı'nın Yasası'ndan bahsediyorlardı. Fakat onların sözlerindeki motif, İsa'nınkinden oldukça farklıydı. İsa, insanları kurtarmaya çalışırken, onlar zarar vermeye çalışıyorlardı.

İsa'nın bu yüreğine sahip olursak, başkalarına güç veren ve onları gerçeğe taşıyan sözleri düşünerek dua ederiz. Sarf ettiğimiz her sözle yaşam vermeye çalışırız. Bazı insanlar, Tanrı'nın Sözüyle başkalarını ikna etmeye ya da iyi olmadığını düşündükleri eksikliklerini ve hatalarına işaret ederek davranışlarını düzeltmeye çalışırlar. Bu sözler doğru bile olsa sevgiyle sarf edilmediği sürece başkalarında değişime sebep olmaz ya da onlara yaşam vermezler.

Bu yüzden her daim kendimize has doğrular ya da düşüncelerle konuşup konuşmadığımızı ya da başkalarına yaşam vermek üzere ağzımızdan çıkan sözlerin sevgiden olup olmadığını kontrol etmeliyiz. Yumuşak sözlerin aksine ruhani sevgi içeren bir söz, insanların susuzluğunu dindiren yaşam suyu ve acı içindeki insanlara sevinçle rahatlık veren değerli mücevherler olabilir.

Kişinin Kendisini Kurban Etme Amelinin Sevgisi

Genellikle 'peygamberlik' ile gelecek olaylar hakkında konuşma kastedilir. Kutsal Kitap'a göre ise belli amaç için ve gelecek olayları konuşmak için Kutsal Ruh'un esinlemesiyle Tanrı'nın yüreğini almaktır. Peygamberlik; insanların isteklerine göre yapılacak bir şey değildir. 2. Petrus 1:21 ayeti şöyle der: "Çünkü hiçbir peygamberlik sözü insan isteğinden kaynaklanmadı. Kutsal Ruh tarafından yöneltilen insanlar Tanrı'nın sözlerini ilettiler." Bu peygamberlik armağanı rastgele herkese verilmez. Tanrı, kibirleşebilir diye kutsallaşmamış bir insana bu armağanı vermez.

Sevgi bölümünde geçen "peygamberlik armağanı", az sayıda özel insana verilen bir armağan değildir. İsa Mesih'e inanan ve gerçekte yaşayan biri geleceği görebilir ve gelecek hakkında konuşabilir. Yani Rab, havada geri geldiğinde kurtulmuş olanlar bulutlarla alınacak ve Yedi Yıllık Düğün Şölenine katılacaklardır. Öte yandan kurtulmamış olanlar, bu dünyada Yedi Yıllık Büyük Sıkıntı'dan geçecek ve Büyük Beyaz Tahtın Yargısı'ndan sonra cehenneme düşeceklerdir. Fakat Tanrı'nın tüm çocuklarının bu şekilde 'gelecek hakkında konuşma' armağanı olsa da hepsinde ruhani sevgi yoktur. Neticede ruhani sevgileri yoksa kendi çıkarları doğrultusunda tavırlarını değiştirdiklerinden peygamberlik armağanının onlara hiçbir faydası olmayacaktır. Armağanın kendisi sevginin ne bir devamı ne de üzerindedir.

Burada geçen 'gizem', çarmıhın sözü olan çağlar öncesinden beri gizlenmiş sırdır (1. Korintliler 1:18). Çarmıhın sözü, Tanrı'nın kendi egemenliği altında çağlar öncesinde insanın kurtuluşu için yarattığı takdiri ilahisidir. Tanrı, insanın günah işleyeceğini ve ölüm yoluna düşeceğini biliyordu. Bu sebeple çağlar öncesinden Kurtarıcı olacak İsa Mesih'i hazırladı. Tanrı, gerçekleşene dek bu takdiri ilahiyi gizli tuttu. Bunu neden yaptı? Eğer kurtuluşun bilinmesini sağlasaydı, düşman iblis ve Şeytan'ın engelleri yüzünden gerçekleşmezdi (1. Korintliler 2:6-8). Düşman iblis ve Şeytan, İsa'yı öldürdükleri takdirde Âdem'den teslim aldıkları yetkinliği sonsuza dek ellerinde tutabileceklerini düşünüyorlardı. Fakat kötü insanları kışkırttıkları ve İsa'yı öldürdükleri için kurtuluş yolu açıldı. Ancak ruhani sevgimiz yoksa böylesine büyük bir gizemi bilip bilgi sahibi olsak bile bize hiçbir faydası olmaz.

Aynısı bilgelik içinde geçerlidir. Burada geçen 'bilgelik' terimiyle akademik öğrenim kastedilmez; Tanrı bilgisi ve Kutsal Kitap'ın 66 kitabındaki gerçek kastedilir. Kutsal Kitap sayesinde bir kez Tanrı'yı öğrenmeye başlarsak, ayrıca O'nunla buluşabilir, ilk elden O'nu deneyim edebilir ve yüreklerimizden O'na inanabiliriz. Aksi takdirde Tanrı'nın Sözünün bilgisi akıllarımızda sadece salt bir bilgi kırıntısı olarak kalır. Hatta başkalarını yargılamak ve suçlamak gibi nahoş bir şekilde bile o bilgiyi kullanabiliriz. Bu sebeple, ruhani sevginin olmadığı bilginin bizlere hiçbir faydası olmaz.

Ya dağları oynatmamızın mümkün olduğu büyük bir imana sahipsek? Büyük iman sahibi olmak ille de büyük sevgiye sahip olmak anlamına gelmez. Öyleyse neden imanla sevginin miktarı birbiriyle tam olarak eşleşmez? İman; belirti ve harikaları, Tanrı'nın işlerini görerek gelişebilir. Petrus, İsa tarafından ortaya konan pek çok belirti ve harikalar gördü ve bu sebeple o da bir süreliğine İsa'nın yürüdüğü suyun üzerinde yürüyebildi. Ama o vakit Petrus'un ruhani sevgisi yoktu çünkü henüz Kutsal Ruh'u almamıştı. Henüz günahlarını söküp atarak yüreğinin sünnetini de gerçekleştirmemişti. Dolayısıyla daha sonra hayatı tehdit altında olduğunda İsa'yı üç kez inkâr etti.

İmanımızın neden deneyimle geliştiğini anlayabiliriz, ama ruhani sevgi ancak günahı söküp atma çabamız, adanmışlığımız ve fedakârlığımız olduğunda yüreklerimize gelir. Fakat bu, ruhani imanla ruhani sevgi arasında doğrudan bir ilişki olmadığı anlamına da gelmez. İmanımız olduğu için günahları söküp atmaya, Tanrı'yı ve insanları sevmeye çalışabiliriz. Fakat Rabbe gerçekten benzeme eylemleri olmadan ve gerçek sevgiyi yetiştirmeden ne kadar sadık olmaya çalışırsak çalışalım Tanrı'nın egemenliği için olan çalışmalarımızın Tanrı'yla hiçbir alakası olmaz. Tıpkı İsa'nın söylemiş olduğu gibi olur: "O zaman ben de onlara açıkça, 'Sizi hiç tanımadım, uzak durun benden, ey kötülük yapanlar!' diyeceğim" (Matta 7:23).

Göksel Ödüller Getiren Sevgi

Genelde sene sonuna doğru pek çok kuruluş ve insan, ihtiyacı olanlara yardım etmek için yayın kuruluşlarına ya da gazetelere para bağışında bulunur. Peki ya bu kişilerin isimleri gazetelerce ve yayın kuruluşlarınca duyurulursa? Muhtemelen hala bağışta bulunan o pek çok birey ve şirket listede olmayacaktır.

İsa'nın Matta 6:1-2 ayetinde, "Doğruluğunuzu insanların gözü önünde gösteriş amacıyla sergilemekten kaçının. Yoksa göklerdeki

Babanız'dan ödül alamazsınız. Bu nedenle, birisine sadaka verirken bunu borazan çaldırarak ilan etmeyin. İkiyüzlüler, insanların övgüsünü kazanmak için havralarda ve sokaklarda böyle yaparlar. Size doğrusunu söyleyeyim, onlar ödüllerini almışlardır" dediği gibi eğer insanların övgüsünü kazanmak için başkalarını yardım ediyorsak, bir süreliğine o övüncü elde ederiz, ama Tanrı'dan hiçbir ödül alamayız.

Bu bağış sadece kendini tatmin ya da gösteriş içindir. Eğer bir kişi sadece formalite icabı hayırseverlik yapıyorsa, artan övgüler aldıkça göğsü kabarır. Eğer Tanrı, böyle bir insanı kutsuyorsa, o insan kendini Tanrı'nın nazarında uygun sayabilir. O zaman yüreğinin sünnetini gerçekleştirmez ve bu, ona sadece zarar verir. Eğer komşularınız için sevgiyle hayırsever işlerde bulunuyorsanız, insanların sizi kabul edip etmemesini umursamazsınız. Çünkü gizlilik içinde yaptıklarınızı gören Baba Tanrı'nın sizi ödüllendireceğine inanırsınız (Matta 6:3-4).

Rab'de işlediğiniz hayırsever işler giysiler, yiyecek, konut gibi yaşamın temel ihtiyaçlarını karşılamak değildir. Daha ziyade ruhları kurtarmak için ruhsal ekmeği tedarik etmektir. Günümüzde pek çok insan ister Rabbe iman etsin ya da etmesin, kilisenin rolünün hastalara, ihmal edilenlere ve yoksula yardım etmek olduğunu söyler. Kuşkusuz ki bu yanlış değil, ama kiliselerin ilk görevi, ruhani huzuru elde etsinler diye müjdeyi duyurmak ve ruhları kurtarmaktır. Hayırsever işlerin nihai amacı işte bu hedeflerde yatmaktadır.

Bu nedenler başkalarına yardım ettiğimizde Kutsal Ruh'un rehberliğini uygun hayırsever işleri yapmamız çok önemlidir. Eğer bir kişiye uygun olmayan bir yardımda bulunulursa, bu, o kişinin kendisini Tanrı'dan daha da uzaklaştırmasını kolaylaştırabilir. En kötü senaryoda o kişiyi ölüm yoluna bile sürükleyebilir. Örneğin aşırı içki ve kumar yüzünden yoksullaşan ya da Tanrı'nın isteğine karşı durdukları için zorluklarla karşılaşan insanlara yardım ediyorsak, o zaman yardım daha da fazla yanlış yolda ilerlemelerine sebep olacaktır. Kuşkusuz ki bu, inanmayanlara da yardım etmemiz gerektiği anlamına gelmez. Tanrı'nın onlara olan sevgisini duyurarak inanlı olmayanlara yardım etmeliyiz. Ancak hayır işlerinin asıl amacının müjdeyi duyurmak olduğunu unutmamalıyız.

Kıt imanları olan yeni inanlıların durumunda ise imanları büyüyene dek onları güçlendirmemiz zorunludur. Bazense imanı olanlar arasında doğuştan sakatlıkları ya da hastalıkları olanlar ve kendi başlarına hayatlarını idame etmekten onları alıkoyan kazalar geçirmiş olanlar vardır. Ayrıca tek başına yaşayan yaşlılar ya da ebeveynler olmadığında evi geçindirmek zorunda olan çocuklar vardır. Bu insanların hayırsever işlere son derece ihtiyacı olabilir. Gerçekten ihtiyaç içinde olan bu insanlara yardım edersek, Tanrı, canlarımızı gönenç içinde kılar ve her şeyin bizler için yolunda gitmesini sağlar.

Elçilerin işleri 10. bölümde Kornelius, kutsamaları alan kişidir. Kornelius, Tanrı'dan korkuyor ve Yahudilere fazlasıyla yardım ediyordu. İsrail'i yöneten işgal ordusunda yüksek rütbeli bir yüzbaşıydı. Onun durumundaki bir insan için yerel halka yardım etmek zor olmalıydı. Yahudiler, ne yaptığıyla ilgili ihtiyatla kuşku duyarken, meslektaşları da yaptıkları için onu eleştiriyor olmalıydı. Fakat Tanrı'dan korktuğu için iyi ve hayırsever işlerini kesmedi. Neticede Tanrı, onun eylemlerini gördü ve Petrus'u onun evine gönderdi. Böylece sadece kendi ailesi değil, ama onunla o evde birlikte yaşayan herkes Kutsal Ruh'u ve kurtuluşu aldı.

Ruhani sevgiyle yapmamız gereken sadece hayırsever işleri değil, ama ayrıca sunulardır. Markos 12'de tüm kalbiyle sunusunu veren bir dulun İsa tarafından nasıl övüldüğünü okuruz. Yaşamını idame etmek zorunda olduğu iki bakır parayı vermişti. Öyleyse İsa neden o kadını övdü? Matta 6:21 ayeti şöyle der: "Hazineniz neredeyse, yüreğiniz de orada olacaktır." Denildiği gibi, dul kadın sahip olduğu her şeyi vermişti; bu, kadının tüm yüreğinin Tanrı'dan taraf olduğunu gösterir. Bu, kadının Tanrı'ya olan sevgisinin bir ifadesiydi. Öte yandan gönülsüzce ya da diğer insanların tavır ve düşüncelerinin farkında verilen sunular, Tanrı'yı hoşnut etmez. Sonuç itibarıyla böylesi sunuların verene bir faydası olmaz.

Şimdi kendini feda etme hakkında konuşalım. Ayette geçen, "bedenimi yakılmak üzere teslim etsem", "bir kişinin kendini tamamen feda etmesi" anlamını taşır. Genelde kendini feda etme sevgiyle yapılır, ama sevginin yoksunluğuyla da olabilir. Öyleyse sevgisiz fedakârlıkta bulunmak nelerdir?

Tanrı'nın işini yaptıktan sonra farklı şeyler hakkında yakınmak, sevgi olmadan fedakârlığa bir örnektir. Tüm gücünüzü, zamanınızı ve paranızı Tanrı'nın işi için harcayıp kimsenin bunun farkına varmaması ve övmemesidir; o zaman üzülür ve bundan yakınırsınız. Tanrı'yı ve Rabbi sevdiklerini söylemelerine rağmen diğer çalışanları sizin kadar gayretli olmadığını hissetmenizdir. Hatta kendi kendinize onların tembel olduğunu bile söyleyebilirsiniz. Sonuçta bu sadece sizin onlara olan yargı ve suçlamanızdır. Bu tavrın içinde gizlice sizin başkalarınca iyi yönlerinizin görülmesine, onlarca övülmeye ve sadakatinizi kibirle arttırmaya olan arzunuz yatar. Bu tür bir fedakârlık insanlar arasındaki huzuru bozabilir ve Tanrı'yı hayal kırıklığına uğratabilir. Sevginin olmadığı bir fedakârlık hiçbir fayda getirmez.

Sözlerle dışa dönük yakınmayabilirsiniz. Fakat eğer hiç kimse sizin sadakatle yaptığınız işleri fark etmiyorsa kalbiniz kırılır, kendinizi değersiz bulur ve Rab için olan gayretiniz soğur. Eğer bir kimse, tüm gücünüzle, hatta kendinizi feda etme noktasında ortaya koyduğunuz işlerinizdeki hataları ve zayıf noktaları işaret ederse enerjinizi kaybedebilir ve sizi eleştirenleri suçlayabilirsiniz. Bir kimse, sizden daha fazla meyve verdiğinde, övüldüğünde ve başkalarınca beğenildiğinde o kişiyi kıskanır ve çekemezsiniz. O zaman ne kadar sadık ve gayretli olmuş olursanız olun, içinizde gerçek sevince sahip olamazsınız. Hatta görevlerinizi bile bırakabilirsiniz.

Ayrıca sadece başkaları izlerken gayretli görünenler vardır.

Başkalarınca görülmediklerinde ve onlarca fark edilmediklerinde tembelleşir ve işlerini rastgele ya da uygunsuz yaparlar. Dıştan gözlemlenmeyen işler yerine sadece başkalarınca gayet net görülecek işleri gerçekleştirmeye çalışırlar. Çünkü kendilerini üstlerine ve pek çok diğer insana ifşa etme ve onlarca övülme arzusu içindedirler.

Öyleyse imanı olan biri sevgiden yoksun fedakârlıkları nasıl yapabilir? Çünkü o kişide ruhani sevgi yoktur. Tanrı'nın olanın kendilerinin ve kendilerinin olanın Tanrı'nın olduğuna yürekten inandıkları sahiplik duygusundan yoksundurlar.

Örneğin kendi tarlası için çalışan bir çiftçiyle para karşılığında bir başkasının tarlasında çalışan köylünün durumlarını kıyaslayın. Kendi tarlası için çalışan çiftçi sabahtan gecenin geç saatlerine kadar emek sarf etmeye hazırdır. Tarımcılıkla ilgili hiçbir işi atlamaz ve tüm işi hatasız yapar. Fakat bir başkasına ait tarlada çalışan ücretli köylü, işi yaparken tüm enerjisini ortaya koymaz. Aksine güneşin bir an önce batmasını diler ki ücretini alıp evine dönebilsin. Aynı ilke, Tanrı'nın egemenliği içinde geçerlidir. Eğer insanların yüreklerinde Tanrı'ya karşı sevgi yoksa tıpkı ücretlerini isteyen kiralık eller gibi Tanrı için üstünkörü çalışırlar. Umdukları ücreti alamadıklarında homurdanır ve yakınırlar.

Bu yüzden Koloseliler 3:23-24 ayetleri şöyle der: "Rab'den miras ödülünü alacağınızı bilerek, her ne yaparsanız, insanlar için değil, Rab için yapar gibi candan yapın. Rab Mesih'e kulluk ediyorsunuz." Ruhani sevgi olmadan başkalarına yardım etmeninin ve kendini feda etmenin Tanrı'yla hiçbir alakası yoktur ve bu da, Tanrı'dan hiçbir ödül alamayacağımız anlamına gelir (Matta 6:2).

Gerçek bir yürekle fedakârlık yapmayı istiyorsak, yüreklerimizde ruhani sevgiye sahip olmalıyız. Eğer yüreklerimiz gerçek sevgiyle doluysa, başkaları ister bizi fark etsin isterse etmesin, sahip olduğumuz her şeyle yaşamımızı Rabbe adamaya devam ederiz. Tıpkı karanlıkta ışıldayan bir mum gibi sahip olduğumuz her şeyden feragat ederiz. Eski Ahit zamanında kâhinler, kefaret sunusu olarak bir hayvanı öldürdüklerinde kanını döker ve sunağın üzerinde yağını yakarlardı. Rabbimiz İsa, günahlarımızın bedeli olarak tıpkı bir kurbanlık gibi, kanını ve suyunu insanları günahlarından kurtarmak için son damlasına kadar döktü. Bizlere gerçek bir fedakârlığın örneğini gösterdi.

Neden O'nun kendini kurban etmesi pek çoklarının kurtuluşu almasını sağlayacak kadar etkin oldu? Çünkü O'nun bu fedakârlığı yetkin sevgiyle yapılmıştı. İsa, yaşamını kurban etme noktasında Tanrı'nın isteğini tamamladı. Çarmıhtaki son anında bile insanlar için şefaat duası etti (Luka 23:34). Bu gerçek kurban için Tanrı, O'nu yükseltti ve O'na göklerdeki en görkemli yeri verdi.

Bu yüzden Filipililer 2:9-10 ayetleri şöyle der: "Bunun için de Tanrı O'nu pek çok yükseltti ve O'na her adın üstünde olan adı bağışladı. Öyle ki, İsa'nın adı anıldığında gökteki, yerdeki ve yer altındakilerin hepsi diz çöksün."

Açgözlülüğü ve saf olmayan arzuları atar ve kendimizi tıpkı İsa gibi saf bir yürekle kurban edersek, Tanrı bizleri yükseltir ve daha yüksek konumlara yönlendirir. Rabbimiz, Matta 5:8 ayetinde şu vaatte bulunur: "Ne mutlu yüreği temiz olanlara! Çünkü onlar Tanrı'yı görecekler." Dolayısıyla Tanrı'yı yüz yüze göreceğimiz kutsamaları alacağız.

Adaletin Ötesine Geçen Sevgi

Peder Yang Won Sohn'a 'Sevginin Atom Bombası' denir. Gerçek bir sevgiyle yapılan fedakârlığın örneğini göstermiştir. Tüm gücüyle cüzamlılarda ilgilenmiştir. Ayrıca Kore'deki Japon yönetimi esnasında Japon savaş mabetlerinde tapınmayı reddettiği için hapse atılmıştır. Tanrı'ya adanmışlığına rağmen şok eden haberleri almak zorunda kalmıştı. Ekim 1948 yılında, yönetimde olan otoritelere karşı isyan eden solcu askerler tarafından iki oğlu öldürülmüştü.

Sıradan insanlar, "Eğer Tanrı yaşıyorsa, buna bana nasıl yapabilir?" diye Tanrı'ya yakınırlardı. Oysa o, oğulları şehit olduğu için ve Rabbin yanına Göklere alındığı için şükran duydu. Dahası, oğullarını öldüren asiyi bağışladı ve hatta oğlu olarak onu evlat edindi. Oğullarının cenazesince birçok insanın yüreğine öylesine derinden dokunan dokuz açıdan şükranlarını Tanrı'ya sundu.

"İlki, benim kanımdan olmalarına rağmen oğullarımın şehit düşmesine şükrediyorum çünkü öylesine günahla doluyum.

İkincisi, bunca inanlı aile arasında ailem olması için bu değerli zatları bana bahşettiği için Tanrı'ya şükrediyorum.

Üçüncüsü, üç oğlum ve üç kızım arasında en güzelleri olan ilk ve ikinci oğlumun ikisinin de kurban edilmesinden dolayı şükrediyorum.

Dördüncüsü, bir oğlun şehit düşmesi yeterince zorken ben iki oğul şehit verdiğim için şükrediyorum.

Beşincisi, Rab İsa'ya imanla huzur içinde ölmek bir kutsamadır ve ben, müjdeyi duyururken vurulup öldürülerek şehitlik mertebesine ulaştıkları için şükrediyorum.

Altıncısı, okumak için Amerika Birleşik Devleri'ne gitmeye hazırlanıyorlardı ve şimdi Amerika Birleşik Devletleri'nden çok daha iyi bir yere gittikleri için huzurla şükrediyorum.

Yedincisi, oğullarımı öldüren düşmanı evlatlık almamı sağlayan Tanrı'ya şükrediyorum.

Sekizincisi, iki oğlumun şehit düşmesiyle Göklerin bolca meyvesi olacağını bildiğimden şükrediyorum.

Dokuzuncusu, böylesi bir zorluk içersinde dahi sevinebilmem için Tanrı'nın sevgisini fark etmemi sağlayan Tanrı'ya şükrediyorum."

Hasta insanlara bakmak için, Peder Yang Won Sohn, Kore Savaşı'nda bile ayrılmadı. Sonunda komünist askerler tarafından şehit edildi. Başkalarınca tamamıyla ihmal edilen hasta insanlarla ilgilendi ve oğlunu öldüren düşmanına iyilikle muamele etti. Bu şekilde kendini feda edebildi çünkü Tanrı'yla diğer insanlar için gerçek bir sevgiyle doluydu.

Koloseliler 3:14 ayetinde, Tanrı bize şöyle der: "Bunların hepsinin üzerine yetkin birliğin bağı olan sevgiyi giyinin." Meleklerin güzel diliyle konuşsak, peygamberlikte bulunma kabiliyetine ve dağı yerinden hareket ettirecek imana sahip olsak ve ihtiyaç içinde olanlar için kendimizi feda etsek bile, gerçek sevgiyle yapılmadıkları sürece bu eylemlerin Tanrı'nın nazarında bir kıymeti yoktur. Şimdi Tanrı'nın sevgisinin sınırsız uzamına girebilmek için gerçek sevginin içerdiği her bir anlamı derinlemesine inceleyelim.

Sevginin Özellikleri

"Sevgi sabırlıdır, sevgi şefkatlidir. Sevgi kıskanmaz, övünmez, böbürlenmez. Sevgi kaba davranmaz, kendi çıkarını aramaz, kolay kolay öfkelenmez, kötülüğün hesabını tutmaz. Sevgi haksızlığa sevinmez, gerçek olanla sevinir. Sevgi her şeye katlanır, her şeye inanır, her şeyi umut eder, her şeye dayanır."

1. Korintliler 13:4-7

Matta bölüm 24'de zamanının yaklaştığını bilen İsa'nın Yeruşalim'e kederle baktığı bir sahne vardır. Tanrı'nın takdiri ilahisiyle çarmıha gerilmek zorundaydı, ama Yahudiler ile Yeruşalim'in üzerine gelecek felaketleri düşününce kendini kederlenmekten alamadı. Öğrencileri nedenini merak edip O'na şu soruyu yönelttiler: "Bu dediklerin ne zaman olacak, senin gelişini ve çağın bitimini gösteren belirti ne olacak?" (a. 3)

Bunun üzerine İsa, onlara pek çok belirtiden bahsetti ve üzüntüyle sevginin soğuyacağını söyledi: "Kötülüklerin çoğalmasından ötürü birçoklarının sevgisi soğuyacak" (a. 12).

Bu gün insanların sevgilerinin soğuduğunu kesinlikle duyumsayabiliriz. Pek çok insan sevgi arayışındadır, ama gerçek sevginin, diğer deyişle ruhani sevginin ne olduğunu bilmezler. Salt istediğimiz için gerçek sevgiye sahip olamayız. Tanrı'nın sevgisi yüreklerimize geldikçe onu elde etmeye başlarız. Sonra onun ne olduğunu anlamaya ve ayrıca kötülüğü yüreklerimizden söküp atmaya başlayabiliriz.

Romalılar 5:5 ayeti şöyle der: "Umut düş kırıklığına uğratmaz. Çünkü bize verilen Kutsal Ruh aracılığıyla Tanrı'nın sevgisi yüreklerimize dökülmüştür." Denildiği gibi, Tanrı'nın sevgisini yüreklerimizdeki Kutsal Ruh vesilesiyle hissedebiliriz.

Tanrı, 1. Korintliler 13:4-7 ayetlerinde mevcut ruhani sevginin her bir özelliğini bizlere anlatır. Tanrı'nın çocuklarının onları öğrenmesi ve uygulaması gerekir ki insanların ruhani sevgiyi duyumsamasını sağlayan sevgi elçileri olabilsinler.

1. Sevgi Sabırlıdır

Eğer ruhani sevginin tüm özellikleri arasında bir kişinin sabrı yoksa diğer insanların umudunu kolayca körcltebilir. Bir amirin yapması için bir işi belli birine verdiğine ve o kişinin de o kişi düzgünce yapmadığını farz edin. Bu durumda amir derhal işi bitirmesi için bir başkasına verir. İşin verildiği ilk kişi, iyi yapamadığı için kendisine ikinci bir şan verilmemesinden dolayı umutsuzluğa düşer. Tanrı, 'sabrı' ruhani sevginin ilk özelliği olarak yerleştirmiştir çünkü ruhani sevgiyi yetiştirmenin en temel özelliğidir. Eğer sabır sahibiysek, beklemek sıkıcı olmaz.

Tanrı'nın sevgisini bir kez kavradığımızda, o sevgiyi çevremizdekilerle paylaşmaya çalışırız. Bazı zamanlar diğerlerini bu şekilde sevmeyi denediğimizde kalbimizi kıracak ya da kayba ve zarara uğramamıza neden olacak şekilde insanların ters tepkisiyle karşılaşabiliriz. O zaman o insanlar daha fazla sevecen görünmezler ve bizlerde onları iyi anlayamayız. Ruhani sevgiye sahip olmak için bu insanlara karşı bile sabırlı olmaya ve onları sevmeye ihtiyacımız var. Hatta bizleri karalasalar, bizlerden nefret etseler ya da sebepsiz yere bizlere zorluk çıkarmaya çalışsalar bile onlara karşı sabırlı olmak ve onları sevmek için kendimizi kontrol etmeliyiz.

Bir keresinde bir kilise üyemiz eşinin depresyonu için dua

etmemi istedi. Ayrıca kendisinin içkici olduğunu ve bir kez içmeye başlayınca tamamen farklı bir insana dönüştüğünü, ailesine öylesine zorluklar çıkardığını söyledi. Ancak eşi, her zaman ona karşı sabırlıydı ve sevgiyle hatalarını örtmeye çalışıyordu. Fakat alışkanlıkları hiç değişmedi ve zamanla alkolik oldu. Eşi, yaşama sevincini kaybetti ve depresyona düştü.

İçki problemi için ailesine zorluklar çıkarıyordu, ama eşini sevdiği için duamı almaya geldi. Hikâyesini dinledikten sonra ona şöyle sordum: "Eğer karını gerçekten seviyorsan, içkiyi ve sigarayı bırakmanın nesi bu kadar zor?" Hiçbir diyemedi ve kendine güveni yok görünüyordu. Ailesi için üzülmüştüm. Karısının depresyondan çıkması ve kendisinin de sigarayla içkiyi bırakacak gücü alması için dua ettim. Tanrı'nın gücü olağanüstüydü! Duamı aldıktan hemen sonra içmeyi düşünmekten vazgeçebildi. Öncesinde içkiyi bırakmasının hiçbir yolu yokken, duayı alır almaz derhal bırakabildi. Eşinin de depresyonu iyileşti.

Sabırlı Olmak Ruhani Sevginin Başlangıcıdır

Ruhani sevgiyi yetiştirmek için her koşulda başkalarına sabır göstermemiz gerekir. Sebatınızda sıkıntı mı çekiyorsunuz? Veyahut yukarıda anlatılan hikâyedeki bayan gibi uzun zaman sabır gösterip koşullar daha iyiye gitmediğinden umudunuzu mu yitiriyorsunuz? O zaman tüm suçu koşullara ya da diğer insanlara yüklemeden önce ilk olarak yüreklerimizi kontrol etmeliyiz. Eğer gerçeği yüreklerimizde tamamıyla yetiştirirsek, sabırlı olmayacağımız hiçbir durum olmaz. Kısaca sabırlı olamıyorsak, bu, yüreğimizde gerçeğe ait olmayan kötülük belli oranda hala yüreğimizde olduğundan sabır yoksunu olduğumuz anlamına gelir. Sabırlı olmak, kendimize ve sevgi göstermeye çalıştığımızda karşılaştığımız zorluklara sabır göstermektir. Tanrı'nın sözüne itaatle herkesi sevmeye çalıştığımızda zor anlar olabilir ve tüm bu anlar esnasında sabırlı olmak, ruhani sevginin sabrıdır.

Bu sabır, Galatyalılar 5:22-23 ayetlerinde geçen Kutsal Ruh'un dokuz meyvesindeki sabırdan farklıdır. Nasıl farklıdır? Kutsal ruh'un dokuz meyvesinden biri olan "sabır", Tanrı'nın egemenliği ve doğruluğu için her şeyde sabırlı olmaya bizi çağırır. Oysa ruhani sevginin sabrı, ruhani sevgiyi yetiştirirken sabırlı olmaktır ve bu yüzden daha dar ve daha belirgin bir anlamı vardır. Kutsal Ruh'un dokuz meyvesinden biri olan sabrın içine dâhil olduğunu söyleyebiliriz.

Kutsal Ruh'un Dokuz Meyvesi olan Sabır	1. Gerçeğe ait olmayan her şeyi söküp atmak ve gerçekle yürekleri yetiştirmektir 2. Başkalarını anlamak, onların çıkarlarını gözetmek ve onlarla barış içinde olmaktır 3. Dualara yanıt almak, kurtuluşa sahip olmak ve Tanrı'nın vaat ettiği şeyleri almaktır

Son zamanlarda insanlar mallarına ya da refahlarına gelen ufacık bir zarardan dolayı insanları çok kolayca dava etmektedirler. İnsanların arasında dava seli bulunmaktadır. Çoğu kez karılarını ya da kocalarını veya öz ebeveynleriyle çocuklarını dava ederler. Başkalarına karşı sabırlıysanız, sizin akılsız olduğunuzu söyleyerek insanlar sizinle alay bile edebilirler. Ama İsa ne der? Matta 5:39 ayetinde şöyle denir: "Ama ben size diyorum ki, kötüye karşı direnmeyin. Sağ yanağınıza bir tokat atana öbür yanağınızı da çevirin." Ve Matta 5:40 ayeti şöyle der: "Size karşı davacı olup mintanınızı almak isteyene abanızı da verin."

İsa, sadece kötülüğe karşı kötülükle karşılık vermememizi değil, ama sabırlı olmamızı da söyler. Ayrıca kötü insanlara iyilik yapmamızı da söyler. "Oldukça öfkeli ve incinmişken onlara nasıl iyilik yapabiliriz?" diye düşünebiliriz. Eğer imanımız ve sevgimiz varsa haydi haydi yapabiliriz. Bu, günahlarımıza bedel olarak biricik Oğlu'nu bizlere bahşeden Tanrı'nın sevgisine olan imandır. Eğer böyle bir sevgiyi aldığımıza inanırsak, o zaman bizlere büyük acılar ve zarar veren insanları bile bağışlayabiliriz. Biricik Oğlu'nu bizler için feda etme noktasında bizleri seven Tanrı'yı seversek ve eğer bizler için yaşamını veren Rabbi seversek, herkesi sevebiliriz.

Sınırsız Sabır

Bazı insanlar sabırlarının sonuna ulaşana dek nefretlerini, öfkelerini, kızgınlıklarını ve olumsuz duygularını bastırır ve sonunda patlarlar. Bazı içe dönük insanlar kendilerini kolayca ifade edemez, ama yürekten acı çekerler ve bu da aşırı stresten olumsuz sağlık koşulları oluşturur. Böylesi sabır tıpkı metal bir yayı ellerinizde sıkmaya benzer. Ellerinizi gevşetirseniz yay gerilir ve fırlar.

Tanrı'nın istediği sabır, tutumlarda hiçbir değişiklik olmadan sonuna kadar sabırlı olmamızdır. Daha açık olmak gerekirse, böyle bir sabra sahipsek hiçbir şey konusunda sabırlı olmamız gerekmez. Yüreklerimizde nefreti ve kini biriktirmez, ama böyle ağır duygulara sebep olan orijinal kötü doğayı atar, onu sevgiye ve şefkate dönüştürür. Bu, sabrın ruhani anlamının özüdür. Eğer yüreklerimizde hiçbir kötülük yoksa ve sadece ruhani sevgiyle dopdoluysak, düşmanlarımızı bile sevmek zor değildir. Aslına bakarsanız en baştan düşmanlığın doğmasına müsaade etmeyiz.

Eğer yüreklerimiz nefret, tartışma, çekememezlik ve kıskançlıkla doluysa, aslında iyi yürekli insanlar olsalar da ilk önce insanların olumsuz yanlarını görürüz. Güneş gozluğü takıp her şeyi karanlık görmek gibidir. Fakat öte yandan yüreklerimiz sevgiyle doluysa, o zaman kötülükle hareket eden insanlar bile hala sevecen görüneceklerdir. Sahip oldukları kusur, eksiklik, hata ya da zaafları her ne olursa olsun onlardan nefret etmezdik. Hatta bizden nefret edip bize karşı kötü olsalar bile karşılığında onlardan nefret etmezdik.

Sabır ayrıca "Ezilmiş kamışı kırmayan, tüten fitili söndürmeyen" İsa'nın da yüreğindedir. Kendisini taşlayanlar için,

"Ya Rab, bu günahı onlara yükleme!" (Elçilerin İşleri 7:60) diye dua eden İstefanos'un yüreğindedir. Onu sırf müjdeyi duyurduğu için taşlamışlardı. İsa için günahkârları sevmek zor muydu? Hiç de değil! Çünkü İsa'nın yüreği gerçeğin ta kendisiydi.

Bir gün Petrus, İsa'ya bir soru yöneltti: "Ya Rab, kardeşim bana karşı kaç kez günah işlerse onu bağışlamalıyım? Yedi kez mi?" (Matta 18:21) "İsa, "Yedi kez değil" dedi. "Yetmiş kere yedi kez derim sana" (a. 22).

Bu, 490 kereye tekabül eden yetmiş kere yedi kez bağışlamamız gerektiği anlamına gelmez. Ruhani açıdan yedi, mükemmelliği simgeler. Bu yüzden yetmiş kere yedi kez, mükemmel bağışlamayı simgeler. İsa'nın sınırsız sevgisini ve bağışlayışını duyumsayabiliriz.

Ruhani Sevgiyi Başaran Sabır

Kuşkusuz ki bir gecede nefretimizi sevgiye dönüştürmek kolay değildir. Uzunca bir zaman sürekli sabırlı olmalıyız. Efesliler 4:26 ayeti şöyle der: "Öfkelenin, ama günah işlemeyin. Öfkenizin üzerine güneş batmasın."

Burada kıt imanları olanlara hitaben 'öfkelenin' denir. Tanrı, imanlarının kıtlığı yüzünden öfkelenseler bile güneş batana kadar ya da kısaca 'uzunca bir zaman' öfkelerini tutmamalarını, ama bu duygularını uzaklaştırmalarını bu insanlara söyler. Her birey, imanının ölçüsü dâhilinde bu hisleri sabır ve sebatla söküp atmaya çalışırsa, kötü hisleri kabardığında ya da yüreğinden öfke taştığında bile yüreğini gerçeğe dönüştürebilir ve ruhani sevgi azar

azar yüreğinde gelişebilir.

Yüreğin derinliklerinde kök salan kötülüğe gelince, bir kişi onu Kutsal Ruh'un doluluğuyla kendini adayarak dua ettiği zaman söküp atabilir. Beğeniyle bakmadığımız insanlara bakmayı denememiz ve onlara iyiliğin eylemlerini göstermemiz çok önemlidir. Bunu yaptıkça yüreğimizdeki nefret yiter ve o zaman bu insanları sevebiliriz. Ne çekişmemiz ne de nefret edecek biri kalır. Ayrıca Rabbin, "Tanrı'nın Egemenliği içinizdedir" (Luka 17:21) dediği gibi, göklerde yaşıyormuşçasına mutlu bir yaşam sürdürebileceğiz.

İnsanlar çok mutlu olduklarında göklere uçtuklarını söylerler. Benzer şekilde içinizdeki göksel egemenlikle kastedilen, gerçeğe ait olmayan her şeyi yüreğinizden söküp attığınız, gerçek, sevgi ve iyilikle dolmanızdır. O zaman sabırlı olmanıza gerek kalmaz çünkü her zaman mutlu, sevinç ve lütuf içersindesinizdir ve çevrenizdeki herkesi seversiniz. Kötülüğü ne kadar çok atar ve iyiliği başarırsanız, o kadar az sabırlı olmaya ihtiyacınız olur. Ruhani sevgiyi başardıkça, duygularınızı bastırarak sabırlı olmak zorunda kalmazsınız. Diğerlerinin sevgiyle değişmesini sabırla ve huzurla bekleyebilirsiniz.

Göklerde hiçbir gözyaşı, acı ve keder yoktur. Kötülük hiç olmadığından ve göklerde sadece iyilik ve sevgi olduğundan kimseden nefret etmez, kimseye kızmaz ya da sinirlenmezsiniz. Dolayısıyla duygularınızı bastırmak ya da kontrol etmek zorunda olmazsınız. Kuşkusuz ki Tanrımız, her hangi bir şey için sabırlı olmak zorunda değildir çünkü O, sevginin ta kendisidir. İncil'in, "sevgi sabırlıdır" demesinin nedeni, biz insanların cana, düşüncelere ve zihinsel çerçevelere sahip olmamızdır. Tanrı, insanların anlamasına yardımcı olmayı ister. Kötülüğü ne kadar atar ve iyiliği ne kadar başarırsanız, o kadar az sabırlı olmaya ihtiyacınız olur.

Sabırla Düşmanı Bir Dosta Dönüştürme

Amerika Birleşik Devletleri'nin on altıncı başkanı Abraham Lincoln ve Edwin Stanton'un arası, avukat oldukları zaman iyi değildi. Stanton, zengin bir aileden geliyordu ve iyi bir eğitim almıştı. Lincoln'un babası yoksul bir ayakkabı tamircisiydi ve ilkokulu bile bitirememişti. Stanton, zehir gibi sözlerle Lincoln'la alay ediyordu. Fakat Lincoln asla öfkelenmedi ve asla düşmanlıkla ona karşılık vermedi.

Başkan seçildikten sonra Lincoln, Stanton'ı Savaş bakanı atadı ki kabine içindeki en önemli makamlardan biriydi. Lincoln, Stanton'ın doğru insan olduğunu biliyordu. Daha sonra Lincoln, Ford Tiyatrosu'nda vurulduğunda pek çok yaşamları için kaçıştı. Fakat Stanton doğrudan Lincoln'a doğru koştu. Lincoln'u kollarında tutarak gözyaşları içinde, "İşte dünyanın gözünde büyük bir adam burada yatıyor. O artık tarihin malı oldu" demişti.

Ruhani sevginin sabrı, düşmanları dostlara dönüştüren mucizeler getirebilir. Matta 5:45 ayeti şöyle der: "Öyle ki, göklerdeki Babanız'ın oğulları olasınız. Çünkü O, güneşini hem kötülerin hem iyilerin üzerine doğdurur; yağmurunu hem doğruların hem eğrilerin üzerine yağdırır."

Tanrı, bir gün değişmelerini isteyerek, kötülük yapan insanlara bile sabır gösterir. Kötü insanlara kötülükle karşılık vermemiz, bizlerinde kötü olduğu anlamına gelir; ama eğer bizleri ödüllendirecek olan Tanrı'ya bakarak sabırlıysak ve onları seversek, daha sonra göklerde güzel bir yer edineceğiz (Mezmurlar 37:8-9).

2. Sevgi Şefkatlidir

Ezop'un Fablları arasında güneşle rüzgârın bir hikâyesi vardır. Bir gün güneşle rüzgâr, bir adamın paltosunu kimin önce çıkaracağı hususunda bir bahse girerler. Önce rüzgâr başlar ve bir ağacı köklerinden çıkaracak şekilde şiddette eser. O kuvvetle estikçe adam paltosuna daha sıkıca sarılır. Sonra güneş çıkarak adama gülümsemiş, sıcak ışıklarını göndermiş. Hava ısındıkça adam da ısınarak üzerindeki paltoyu çıkarmış.

Hikâyenin verdiği çok iyi bir ders vardır. Rüzgâr, adamı paltosunu çıkarmaya zorlar, ama güneş, adamın paltoyu kendi isteyerek çıkarmasını sağlar. Şefkatte benzer bir şeydir. Şefkat, fiziksel kuvvetle değil, ama iyilik ve sevgiyle onların yüreklerine dokunmak ve kazanmaktır.

Şefkat Her Türlü İnsanı Kabullenir

Şefkati olan kişi, her insanı kabullenebilir ve birçok insan o kişinin yanında huzur bulur. Sözlük tanımına göre şefkat; 'sevecen olma' ya da 'hoşgörülü bir karaktere sahip olma' özelliği olarak geçer. Eğer bir parça pamuğu düşünecek olursanız, şefkati daha iyi anlayabilirsiniz. Farklı objeler üzerine çarpsa bile pamuk hiç ses yapmaz. Sadece tüm diğer objeleri sarmalar.

Ayrıca şefkatli bir insan, insanların huzurun içinde dinlendikleri bir ağaç gibidir. Sıcak bir yaz günü güneşin kavurucu sıcaklarından kaçınmak için büyük bir ağacın altına giderseniz, kendinizi daha iyi ve daha serin hissedersiniz. Benzer şekilde, bir kişinin şefkatli bir yüreği varsa, pek çok insan o kişinin yanı başında olmayı ve dinlenmeyi ister. Genellikle, bir insan, kendisini rahatsız edenlere öfkelenmeyen ve kendi fikirlerinde diretmeyen oldukça şefkatli ve ılımlı biri olduğundan da, onun uysal ve yumuşak kalpli bir insan olduğu söylenir. Fakat eğer iyiliği Tanrı katında kabul görmüyorsa, ne kadar ılımlı ve uysal olursa olsun gerçekten uysal sayılamaz. Zayıf karakterli ya da muhafazakâr oldukları için başkalarına itaat eden bazı insanlar vardır. Başkaları kendilerine zorluk çıkardığında kafaları bozulmasına rağmen öfkelerini bastıranlar vardır. Fakat bu insanların şefkatli olduğu söylenemez. Yüreklerinde kötülük değil ama sadece sevgi olanlar, ruhani uysallıkla kötü insanları kabullenir ve onlara katlanırlar.

Tanrı Ruhani Şefkati İster

Ruhani şefkat, hiçbir kötülüğün olmadığı ruhani sevginin doluluğunun sonucudur. Bu ruhani sevgiyle kimseye karşı olmaz ama ne kadar kötü olursa olsun o kişiyi kabullenirsiniz. Ayrıca zeki olduğunuz için katlanırsınız. Fakat koşulsuzca başkalarını anlayıp bağışladığımız ve herkese nazik olduğumuz için şefkatli sayılmadığımızı unutmamalısınız. Ayrıca başkalarına rehberlik edecek ve onları etkileyecek doğruluğa, ciddiyete ve yetkinliğe de sahip olmalıyız. Bu sebeple ruhani açıdan şefkatli olan bir kimse sadece yumuşak değil, ama ayrıca zeki ve doğrudur. Böyle bir insan örnek bir yaşam sürer. Ruhani şefkat konusunda daha açık olmak gerekirse, dıştan erdemli cömertliğin yanı sıra yürekte de uysallığa sahip olmaktır.

Eğer yumuşaklığımız sadece içe dönük ise, içinde hiçbir kötülüğün olmadığı ama sadece iyiliğin olduğu şefkatli bir yüreğe sahip olsak bile bu yumuşaklığın kendisi diğer insanları kucaklamamızı ve onlar üzerinde olumlu etkiye sahip olmamızı sağlamaz. Dolayısıyla şefkatimiz sadece içe dönük olmadığında ve erdemli cömertliğin özelliklerini ayrıca dışa da vurduğumuzda şefkatimiz mükemmelleşebilir ve büyük bir güç gösteririz. Eğer şefkatli bir yüreğin yanında cömertliğe sahipsek pek çok insanın kalbini kazanabilir ve çok daha fazlasını başarabiliriz.

Bir kişi, yüreğinde iyilik ve şefkat olduğunda, sevgiyle ve erdemli cömertlikle dolu olduğunda başkalarını doğru yola yönlendirecek gerçek sevgiyi gösterebilir. O zaman doğru yol olan kurtuluş yoluna pek çok insanı yönlendirebilir. Dışta erdemli cömertlik yoksa içteki şefkat ışığını gösteremez. Şimdi öncelikle içteki şefkati yetiştirmek için neler yapmamız gerektiğine göz atalım.

İç Şefkati Ölçmenin Ölçütü Kutsallaşmadır

Şefkati başarmak için ilk olarak yürekten kötülükleri söküp atmak ve kutsallaşmalıyız. Şefkatli bir yürek pamuk gibidir ve bir kişi saldırgan davransa bile hiç ses çıkarmaz, ama o kişiyi sadece kucaklar. Şefkatli yüreği olan kişide hiçbir kötülük bulunmaz ve diğer kişiyle tartışmaya girmez. Fakat eğer nefretin, kıskançlığın, çekememezliğin, kendimize has doğruların ve boyun eğmeyen keskin bir yüreğe sahipsek, başkalarını kucaklamamız zordur.

Bir taş düşüp başka bir taşa ya da yoğun metal bir objeye çarptığında ses çıkarır ve seker. Benzer şekilde benliğe ait özümüz hala yaşıyorsa, diğer insanlar azıcık sıkıntı verseler dahi olumsuz duygularımızı açığa vururuz. İnsanlar, karakterleri bozuk ya da kusurlu insanlar olarak tanındıklarında onları gözetemez, koruyamaz ya da anlayamaz, ama aksine onları yargılayabilir, suçlayabilir, dedikodularını yapıp karalayabiliriz. Bu ise, bir şeye koymaya çalıştığınızda taşan ufak bir kap gibi olduğunuz anlamına gelir.

Bu yürek, başka şeyleri alacak yeterince yeri olmayan kirli şeylerle dolu küçük bir yürektir. Örneğin başkalarının hatalarımıza işaret etmesine gücenebiliriz. Veyahut başkalarını fısıldar gördüğümüzde onların bizim hakkımızda konuştuğunu düşünebilir ve neler konuştuğunu merak edebiliriz. Kısa süreliğine bize bakış attıkları için bile başkalarını yargılayabiliriz.

Yürekte hiçbir kötülüğün olmaması, şefkati yetiştirmenin temel koşuludur. Çünkü hiçbir kötülük olmadığında insanları bağrımıza basabilir ve onları iyilikle sevginin penceresinden görebiliriz. Şefkatli bir insan, başkalarına her daim merhamet ve sevgiyle bakar. Başkalarını yargılamak ya da suçlamak niyetinde olmaz; sadece sevgiyle ve iyilikle onları anlamaya çalışır ve hatta kötü insanların yürekleri bile onun sıcaklığıyla erir.

İnsanlara öğretenlerin ve onlara rehberlik edenlerin

kutsallaşmış olması özellikle önemlidir. Kötülüğe sahip oldukları ölçüde kendilerine has benliğin düşüncelerini kullanırlar. Aynı ölçüde sürünün koşullarını doğru bir şekilde seçemez, onları yeşil otlaklara ve durgun sulara yönlendiremezler. Ancak tamamıyla kutsallaştığımız zaman Kutsal Ruh'un rehberliğini alabilir ve en iyi yola sürüyü yönlendirmek için sürünün koşullarını anlayabiliriz. Tanrı, gerçekten şefkatli olmak için tamamıyla kutsallaşanları tasdik eder. Kimin şefkatli bir insan olduğu konusunda insanların farklı ölçütleri vardır. Fakat insanın nazarındaki şefkatle Tanrı'nın nazarındaki şefkat birbirlerinden farklıdır.

Tanrı Musa'nın Şefkatini Tasdik Etmişti

Kutsal Kitap'ta Musa'nın şefkati Tanrı tarafından tanınmıştı. Çölde Sayım bölüm 12'de Tanrı tarafından tasdik edilmenin ne kadar önemli olduğunu öğrenebiliriz. Bir keresinde Musa'nın erkek kardeşi Harun'la kız kardeşi Miryam, Kûşlu bir kadınla evlendiği için Musa'yı yermişlerdi.

Çölde Sayım 12:2 ayeti şöyle der: "RAB yalnız Musa aracılığıyla mı konuştu? dediler, 'Bizim aracılığımızla da konuşmadı mı?' RAB bu yakınmaları duydu."

Onların söylediklerine karşı Tanrı ne dedi?" Onunla bilmecelerle değil, Açıkça, yüzyüze konuşurum. O RAB'bin suretini görüyor. Öyleyse kulum Musa'yı yermekten korkmadınız mı?" (Çölde Sayım 12:8)

Harun'la Miryam'ın Musa hakkındaki eleştirileri Tanrı'yı

öfkelendirmişti. Bu yüzden Miryam deri hastalığına yakalandı. Harun, Musa adına konuşmaları yapan kişiydi, Meryem'de cemaatin önderlerinden biriydi. Kendilerinin de Tanrı tarafından oldukça sevildiklerini ve takdir edildiklerini düşünerek, Musa'nın hata işlediğini düşündükleri an onu yerdiler.

Tanrı, kendi ölçütlerine göre Harun'la Miryam'ın Musa'yı suçlamalarını ve ona karşı konuşmalarını kabul etmedi. Musa nasıl bir insandı? Yeryüzünde yaşayan en alçakgönüllü ve uysal kişi olarak Tanrı tarafından tasdik edilmişti. Ayrıca Tanrı'nın bütün evinde sadıktı ve bu yüzden Tanrı, ona o kadar güveniyordu ki, Musa Tanrı'yla konuşabiliyordu.

İsraillilerin Mısır'dan kaçış ve Kenan topraklarına gidiş sürecini incelersek, Tanrı'nın Musa'yı böylesine el üstünde tutmasını anlayabiliriz. Mısır'dan çıkan insanlar sürekli günah işliyor, Tanrı'nın isteğine karşı geliyorlardı. Musa'ya yakınıyor, en küçük zorluktan Musa'yı suçluyorlardı ve bu da Tanrı'ya yakınmakla birdi. Her yakındıklarında Musa'da Tanrı'nın merhametini diliyordu.

Musa'nın şefkatini gösteren bir olay yaşandı. Buyrukları almak üzere Sina Dağı'na çıktığında insanlar bir put – altından buzağı – yaptılar, ona tapınarak yiyip içtiler, çılgınca eğlenceye daldılar. Mısırlılarda boğa ve karga suretindeki tanrılara tapınıyorlardı ve onlarda benzer ilahları taklit ettiler. Tanrı, onlarla birlikte olduğunu pek çok kez göstermişti, ama İsrailliler değişimin hiçbir işaretini göstermediler. Sonunda Tanrı'nın gazabı üzerlerine düştü. Fakat o an Musa, karşılığında kendi yaşamını ortaya koyarak onlar için yalvardı: "Lütfen günahlarını bağışla, yoksa yazdığın kitaptan adımı sil" (Mısır'dan Çıkış 32:32). 'Yazdığın kitap' ile kastedilen, kurtulanların adının yazıldığı yaşam kitabıdır. Eğer adınız yaşam kitabından silinirse kurtulamazsınız. Sadece kurtuluşu almayacağınız anlamına gelmez, ama sonsuza dek cehennemde azap çekeceğiniz anlamına da gelir. Musa, ölümden sonraki yaşamı gayet iyi biliyordu, ama onlar için kendi kurtuluşundan feragat etme pahasına onları kurtarmayı istedi. Musa'nın bu yüreği, hiç kimsenin yitip gitmesini istemeyen Tanrı'nın yüreğine oldukça benzerdi.

Musa'nın Sınamalarla Şefkati Yetiştirmesi

Musa, hiç kuşkusuz en baştan böylesi bir şefkate sahip değildi. İbrani olmasına rağmen Mısırlı bir prensesin oğlu olarak yetiştirilmişti ve hiçbir eksiği yoktu. Mısır'ın en yüksek mertebede bilgisini ve dövüş becerilerini elde edeceği bir eğitimden geçti. Ayrıca gurura ve kendine has doğruluğuna sahipti. Bir gün bir Mısırlı'nın bir İbrani'yi dövdüğünü gördü ve kendine has doğruluğuyla bu Mısırlı'yı öldürdü.

Bu yüzden bir gecede kaçak durumuna düştü. Bereket versin ki, Midyanlı bir kâhinin yardımıyla çölde çobanlık yapmaya başladı, ama her şeyini kaybetmişti. Sürüleri gütmek, Mısırlılarca mevkice çok aşağı bir iş sayılırdı. Kırk yıl boyunca kendisine tepeden bakılan bir işi yapmak zorunda kaldı. O esnada Tanrı'nın sevgisi ve yaşamla ilgili pek çok şeyin farkına vararak kendini tamamıyla alçakgönüllü kıldı.

Tanrı, İsrail halkının önderi olsun diye Mısır prensi Musa'yı değil, kendini alçakgönüllü kılan çoban Musa'yı çağırdı. Kendisini tamamıyla alçakgönüllü kılmış, sınamalarla yüreğindeki kötülükleri söküp atmıştı. Bu sebeple 600,000'den fazla adamın Mısır'dan çıkmasına ve Kenan topraklarına yola çıkmasına öncülük edebilmişti.

Dolayısıyla şefkati yetiştirmekte önemli olan, geçmemize izin verilen sınamalarda Tanrı'nın önünde kendimizi alçakgönüllü kılarak iyiliği ve sevgiyi yetiştirmek zorunda oluşumuzdur. Alçakgönüllülüğümüzün ölçüsü, şefkatimizde de fark yaratır. Belli ölçüde gerçeği yetiştirdiğimizi ve tıpkı Harun'la Miryam gibi başkalarınca kabul gördüğümüzü düşünerek mevcut durumumuzdan hoşnutsak sadece daha da kibre batarız.

Erdemli Cömertlik Ruhani Şefkati Mükemmelleştirir

Ruhani şefkati yetiştirmek için sadece her türlü kötülüğü söküp atarak kutsallaşmamalı, ama ayrıca erdemli cömertliği de yetiştirmeliyiz. Erdemli cömertlik; başkalarını iyice anlamak ve adilce kabullenmektir, insanın görevini doğru yapmasıdır, fiziksel güçle değil ama insanların zaaflarını anlayarak ve onları kabullenerek yüreklerini teslim etmelerine izin veren bir karaktere sahip olmaktır. Böyle olan insanların, başkalarında güven duygusuna ilham veren sevgileri vardır.

Erdemli cömertlik, insanların giydiği bir giysi gibidir. İçten ne kadar iyi olursak olalım çıplaksak bize tepeden bakarlar. Aynı şekilde ne kadar şefkatli olursak olalım, bu erdemli cömertliğe sahip değilsek şefkatimizin kıymetini gerçekten gösteremeyiz. Örneğin bir insan içten şefkatli olabilir, ama başkalarıyla konuştuğu zaman pek çok gereksiz şeyler söyler. Böyle bir insanın bunu yaparken kötü bir maksadı yoktur, ama düzgün tavırlı ve eğitimli görünmediğinden başkalarının güvenini gerçektende kazanamaz. Bazı insanlar şefkatli oldukları için kötü duygulara sahip olmayıp başkalarına zarar vermiyor değillerdir. Fakat eğer aktif olarak başkalarına yardım etmiyor ya da özenle onlarla ilgilenmiyorlarsa, pek çok insanın kalbini kazanmaları onlar için zordur.

Güzel renklere ya da kokuya sahip olmayan çiçekler, çokça balözüne sahip olsalar bile arıları ya da kelebekleri kendilerine doğru çekmezler. Benzer şekilde bizlerde çok şefkatli olsak ve bir yanağımıza vurana diğerini çevirsek bile sözlerimizde ve eylemlerimizde erdemli cömertlik yoksa şefkatimiz fiilen ışıldamaz. Gerçek şefkat, ancak erdemli cömertliğin dış giysilerini giydiğimizde başarılır ve gerçek değeri gösterilir.

Yusuf, bu erdemli cömertliğe sahipti. Tüm İsrail'in babası Yakup'un on birinci oğluydu. Erkek kardeşleri ondan nefret ediyordu ve genç bir yaşta köle olarak Mısır'a satıldı. Fakat Tanrı'nın yardımıyla otuz yaşında Mısır'da bakan oldu. O zamanlarda Mısır, Nil'in merkezinde yer alan çok güçlü bir devletti; "medeniyetin dört beşiğinden" biriydi. Yöneticileri ve halkı kendilerinden çok gurur duyuyorlardı ve bir yabancı olarak bakan olmak hiç de kolay bir şey değildi. Eğer tek bir hata yapacak olsa derhal istifa etmek zorundaydı.

Bu koşullar içinde dahi Yusuf, Mısır'ı gayet iyi ve bilgece yönetti. Şefkatli ve alçakgönüllüydü, ne sözlerinde ne de eylemlerinde hiçbir kusur yoktu. Ayrıca bir yönetici olarak bilgeliğe ve itibara sahipti. Kraldan sonra gelen kişi olarak güç sahibiydi, ama insanlara hükmetmeye ya da gösteriş yapmaya çalışmadı. Kendisine karşı kuralcıydı, ama başkalarına karşı oldukça cömert ve nazikti. Bu yüzden kral ve diğer bakanların Yusuf hususunda ihtiyatlı ve dikkatli olması gerekmiyordu ve onu kıskanmıyorlardı. Ona tam bir güven duyuyorlardı. Bu hadiseden kıtlık yüzünden Kenan'dan Mısır'a gelen Yusuf'un ailesinin Mısırlılar tarafından ne kadar sıcak karşılandığını çıkarsayabiliriz.

Yusuf'un Şefkatine Erdemli Cömertlik Eşlik Ediyordu

Eğer birinde bu erdemli cömertlik varsa, o zaman o kişinin geniş bir yüreği vardır ve kendi sözleriyle eylemlerinde kusursuz olsa bile kendi ölçütleriyle insanları yargılamaz ve suçlamaz. Yusuf'un bu karakteri, bir köle olarak kendisini Mısır'a satan erkek kardeşleri yiyecek almak için Mısır'a girdiğinde gayet güzel ortaya serilir.

Başlangıçta kardeşleri Yusuf'u tanımamıştı. Yirmi yıldan fazladır onu görmedikleri için bu gayet anlaşılabilir. Dahası Yusuf'un Mısır'da bakan olacağını hayal bile edemezlerdi.

Kendisini neredeyse öldüren ve sonunda Mısır'a köle olarak satan kardeşlerini gördüğünde Yusuf ne yaptı? Günahlarının bedelini onlara ödettirme gücüne sahipti. Fakat Yusuf öç almayı istemiyordu. Kimliğini gizledi ve yüreklerinin geçmiştekiyle aynı olup olmadığını görmek için birkaç kez onları test etti.

Yusuf, aslında kendi başlarına Tanrı'nın huzurunda günahlarından tövbe edebilme fırsatını onlara veriyordu çünkü kendi öz kardeşlerini öldürmeyi planlamak ve köle olarak bir başka ülkeye satmak küçük bir hadise değildi. Sadece ayrım gözetmeden onları bağışlamamak ve cezalandırmamakla kalmadı, ama kardeşlerini bir başlarına günahlarından tövbe edebilmeye yönlendirdi. Sonunda ancak kardeşleri hatalarını hatırladıklarında ve pişman olduklarında Yusuf kimliğini açıkladı.

O an kardeşleri korktular. Yaşamları, o zamanın en güçlü ulusu olan Mısır'da bakan olmuş kardeşleri Yusuf'un ellerindeydi. Fakat Yusuf'un, kardeşlerinin kendisine yaptıklarını neden yaptıklarını sorgulamak gibi bir arzusu yoktu. "Şimdi yaptıklarınızı ödeyeceksiniz" diyerek onları tehdit etmedi. Aksine onları rahatlatmaya ve yüreklerine su serpmeye çalıştı. "Beni buraya sattığınız için üzülmeyin. Kendinizi suçlamayın. Tanrı insanlığı korumak için beni önden gönderdi" (Yaratılış 45:5).

Her şeyin Tanrı'nın planı doğrultusu olduğu gerçeğini teslim etti. Yusuf, sadece kardeşlerini yürekten bağışlamakla kalmadı, ama ayrıca onları tamamıyla anlayarak etkili sözlerle yüreklerine su serpti. Bu, dışa dönük erdemli cömertlikle Yusuf'un düşmanlarını bile etkileyecek eylemi ortaya koyduğu anlamına gelir. Erdemli cömertliğin eşlik ettiği Yusuf'un şefkati, Mısır'ın içinde ve dışında pek çok hayatı kurtaracak gücün kaynağı ve Tanrı'nın planını gerçekleştirmenin de temeliydi. Şu ana dek açıklanmış olduğu üzere erdemli cömertlik, içe dönük şefkatin dışa vurumudur ve pek çok insanın kalbini kazanabilir, büyük bir güç ortaya koyabilir.

Erdemli Cömertliğe Sahip olmak için Kutsallaşma Gereklidir

Nasıl ki içsel şefkat kutsallaşmayla başarılıyorsa, erdemli cömertlikte kötülüğü söküp attığımızda ve kutsallaştığımızda yetiştirilir. Kuşkusuz ki bir kişi kutsallaşmasa bile eğitimiyle ya da geniş bir yürekle doğduğu için belli ölçüde erdem ve cömertliğin eylemlerini ortaya koyabilir. Fakat gerçek erdemli cömertlik, sadece gerçeğin izinde olan kötülükten arınmış bir yürekten gelebilir. Eğer tamamıyla cömertliği yetiştirmek istiyorsak, yüreklerimizdeki kötülüğün ana köklerini çekip çıkarmamız yeterli değildir. Kötülüğün izlerini bile söküp atmalıyız (1. Selanikliler 5:22).

Matta 5:48 ayetinde şöyle yazar: "Bu nedenle, göksel Babanız yetkin olduğu gibi, siz de yetkin olun" Yüreklerimizden her türlü kötülüğü söküp attığımızda ve ayrıca sözlerimizde, eylemlerimizde ve davranışlarımızda kusursuz olduğumuzda, insanların yanımızda huzur bulduğu şefkati yetiştirebiliriz. Bu sebeple nefret, çekememezlik, kıskançlık, kibir ve fevrilik gibi kötülükleri söküp attığımız seviyeye sonunda ulaşmış olmakla yetinmemeliyiz. Ayrıca bedenin en küçük kötü işlerini söküp atmalı, Tanrı'nın sözü, adanmış dualar ve Kutsal Ruh'un rehberliğini alarak gerçeğin eylemlerini göstermeliyiz.

Bedenin kötü işleri nelerdir? Romalılar 8:13 ayeti şöyle der: "Çünkü benliğe göre yaşarsanız öleceksiniz; ama bedenin kötü işlerini Ruh'la öldürürseniz yaşayacaksınız."

Burada geçen bedenle salt fiziki bedenlerimiz kastedilmez. Ruhani açıdan beden, gerçek çıkarıldıktan sonra kalan insan bedenidir. Bu yüzden bedenin eylemleriyle kastedilen, benliğe dönüşen insanı dolduran gerçeğe ait olmayan şeylerden gelen eylemlerdir. Bedenin eylemleri sadece apaçık günahları değil, ama ayrıca yetkin olmayan tüm eylem ve amelleri içerir.

Geçmişte başımdan garip bir deneyim geçmişti. Ne zaman bir objeye dokunsam elektik akımı hissediyor ve her defasında elimi çekiyordum. Herhangi bir şeye dokunmaya korkar oldum. Doğal olarak bir şeye ne zaman dokunsam, Rabbe seslenerek dua etme düşüncesiydim. Objelere çok dikkatlice dokunduğumda bu duygulara sahip değildim. Kapıyı açarken kulpu yavaşça tutuyordum. Hatta kilise cemaatinden üyelerle el sıkışırken bile çok dikkatli oluyordum. Bu fenomen birkaç ay sürdü ve tüm hareketlerim oldukça dikkatli ve yumuşak bir hale döndü. Daha sonra Tanrı'nın bu deneyimler vesilesiyle bedenimin eylemlerini mükemmelleştirdiğini hissettim.

Önemsiz sayılabilir ama bir kişinin davranış biçimi çok önemlidir. Bazı insanlar yanlarındaki insanlarla konuşurken ya da onlarla gülüşürken onlara dokunmayı bir alışkanlık haline getirmişlerdir. Zaman ve yere bakmaksızın bazıları yüksek sesle konuşur ve insanlara rahatsızlık verirler. Bu davranışlar büyük kusurlar değildir ama yine de bedenin kötü işleridir. Erdemli cömertliğe sahip olanların günlük yaşantılarındaki davranışları düzgündür ve pek çok insan onların yanında huzur bulmayı ister.

Yüreğin Karakterini Değiştirin

Bir sonraki adım erdemli cömertliğe sahip olacağımız karakterdeki yüreği yetiştirmemizdir. Yüreğin karakteriyle kastedilen yüreğin büyüklüğüdür. Bireylerin yüreklerinin karakterlerine göre bazıları kendilerinden beklenilenden fazlasını yaparken, diğerleri ise ya kendilerine verilen işi ya da onun azını yaparlar. Erdemli cömertliğe sahip bir insanın yüreği büyük ve geniştir. Bu yüzden sadece kendi kişisel meseleleriyle ilgilenmez, ama başkalarıyla da alakadar olur.

Filipililer 2:4 ayeti şöyle der: "Yalnız kendi yararını değil, başkalarının yararını da gözetsin." Yüreğin bu karakteri, her koşulda yüreğimizi ne kadar genişlettiğimize göre farklılık gösterir. Dolayısıyla sürekli çabalarla onu değiştirebiliriz. Eğer sabırsıca sadece kendi kişisel çıkarlarımızı gözetiyorsak özenle dua etmeli ve dar kafalılığımızı değiştirip öncelikle başkalarının çıkarını dikkate alacağımız daha geniş bir düşünceye sahip olmalıyız.

Mısır'a bir köle olarak satıldığı güne dek Yusuf, tıpkı bir serada yetişten bitkiler ve çiçekler gibi büyütüldü. Evin her meselesiyle ilgilenemiyor, babaları tarafından sevilmeyen erkek kardeşlerinin yüreklerini ve koşullarını ölçemiyordu. Ancak çeşitli sınamalar vesilesiyle gözlemleyebildiği ve çevresinin her bir köşesini idare edebildiği bir yüreğe sahip olmaya başladı ve başkalarının yüreklerini nasıl dikkate alacağını öğrendi.

Tanrı, Mısır'ın bakanı olacağı zaman için Yusuf'un yüreğini hazırlayarak genişletti. Eğer şefkatli ve lekesiz bir yüreğin yanı sıra yüreğin bu özelliğini başarırsak, büyük işleri de idare edebilir ve üstesinden gelebiliriz. Bu, bir liderin sahip olması gereken bir erdemidir.

Şefkatliler için Kutsamalar

Yürekten kötülüğü söküp atarak ve erdemli cömertliği yetiştirerek yetkin şefkate sahip olanlara ne tür kutsamalar verilir? Matta 5:5 ayetinde, "Ne mutlu yumuşak huylu olanlara! Çünkü onlar yeryüzünü miras alacaklar" Ve Mezmurlar 37:11 ayetinde, "Ama alçakgönüllüler ülkeyi miras alacak, derin bir huzurun zevkini tadacak" denildiği gibi, onlar yeryüzünü miras alırlar. Burada geçen ülke, göksel egemenlik de bir yeri simgeler ve yeryüzünü miras almak ise gelecekte göklerde büyük bir gücün tadına varmak anlamına gelir.

Neden göklerde büyük bir yetkinliğin tadına varırlar? Şefkatli bir insan, Baba Tanrı'nın yüreğiyle insanları güçlendirir ve onların yüreklerini etkiler. Bir kişi ne kadar yumuşak ise o kadar çok insan onun yanında huzur bulur ve onun tarafından kurtuluşa yönlendirilir. İnsanların yanımızda huzur bulduğu büyük bir insan olabilmemiz, öteki insanlara büyük ölçüde hizmet ettiğimiz anlamına gelir. Hizmet edenlere göksel yetkinlik verilecektir. Matta 23:11 ayeti şöyle der: "Aranızda en üstün olan, ötekilerin hizmetkârı olsun."

Buna uygun olarak, yumuşak bir insan göklere ulaştığında büyük bir gücün tadını çıkaracak, geniş ve büyük bir yeri miras alacaktır. Hatta bu dünyada bile büyük güce, zenginliğe, şana ve sahip olanların ardından pek çok insan gelir. Fakat sahip oldukları her şeyi kaybettiklerinde yetkinliklerinin de çoğunu kaybederler ve onların ardından gelen insanlarda onları terk eder. Şefkatli bir insanın ruhani yetkinliği, bu dünyanınkinden farklıdır; ne yiter ne de değişir. Bu dünyada canı gönenç içinde olan kişi her şeyde başarılıdır. Ayrıca göklerde Tanrı tarafından sonsuza dek çok sevilecek ve sayısız insan tarafından ona saygı duyulacaktır.

3. Sevgi Kıskanmaz

İyi öğrenciler, daha önce sınavlarda yapamadıkları soruları düzenler ve notlarını toplar. Soruları neden doğru yanıtlayamadıklarını sorgular ve bir sonraki konuya geçmeden önce konuyu iyice anlamaya çalışırlar. Kısa bir süreliğine zor buldukları bir konuyu öğrenmek için bu yöntemi oldukça yararlı bulurlar. Aynı yöntem, ruhani sevgiyi yetiştirirken de uygulanabilir. Eylemlerimizi ve sözlerimizi detaylıca inceler ve kusurlarımızı birer birer atarsak, o zaman kısa bir süre içinde ruhani sevgiyi başarabiliriz. Şimdi ruhani sevginin bir sonraki özelliğini inceleyelim—'Sevgi kıskanmaz'.

Kıskançlık, kıskançlık ve mutsuzluk aşırı derecede büyüdüğünde meydana gelir ve bir başka kişiye karşı kötü eylemler şeklinde kendini gösterir. Eğer kafamızdan kıskançlık ya da çekememezlik duygusu geçiyorsa, bir başkası övüldüğü ya da beğenildiğinde garez duyarız. Kendimizden daha bilgili, zengin ve daha becerikli birini bulursak ya da çalışma arkadaşlarımızdan biri daha gönenç içinde olur ve pek çok insanın beğenisini kazanırsa çekemezliği duyumsayabiliriz. Bazen o kişiden nefret edebilir, sahip olduğu her şeyi hileyle almayı ve üzerine basmayı dileyebiliriz.

Öte yandan, "Başkaları onu çok beğeniyor. Peki ya ben neyim? Hiçbir şey" düşüncesiyle umudumuz kırılmış hissedebiliriz. Kısaca kendimizi başkalarıyla kıyasladığımız için cesaretimiz kırılır. Cesaretimizin kırılmasını bazıları kıskançlık olmadığını düşünebilir. Fakat sevgi, gerçekle sevinir. Diğer bir deyişle gerçek sevgiye sahipsek bir başkası gönenç içinde olduğunda seviniriz. Eğer cesaretimiz kırılıyor ve kendimize kızıyorsak ya da gerçekle sevinmiyorsak, bunun nedeni egomuzun ya da özbenliğimizin hala aktif olmasındandır. 'Özbenliğimiz' hala canlı olduğundan başkalarından daha aşağı hissettiğimizde gururumuz incinir.

Çekememezliğin büyümesi, kötü söz ve eylemlerle açığa çıkması, Sevgi bölümünde geçen kıskançlıktır. Kıskançlık ciddi bir hal alırsa, bir kişi başkalarına zarar verebilir ve hatta onları öldürebilir. Kıskançlık, kötü ve kirli bir yüreğin dışa vurumudur ve bu yüzden kıskanç olanların kurtuluşu alması zordur (Galatyalılar 5:19-21). Kıskançlık, dışarı vurulan gözle görülebilir günah olduğundan benliğin aşikâr bir işidir. Kıskançlık, birkaç çeşitte sınıflandırılır.

Romantik Bir İlişki de Kıskançlık

Kıskançlık, ilişki içinde olan bir kişi sevgilisi tarafından daha fazla sevilmeyi arzuladığında ve beğenilmeyi istediğinde uyarılır. Örneğin Yakup'un iki eşi Rahel ve Lea birbirlerini kıskanırlardı. Her biri, Yakup tarafından daha fazla beğenilmeyi arzulardı. Yakup'un amcası Lavan'ın kızları olan Lea ve Rahel kardeştiler.

Yakup, amcası Lavan'ın aldatması sonucu dileğinin aksine Lea'yla evlendi. Aslında Lea'nın küçük kardeşi Rahel'i seviyordu ve onu ancak on dört yıl amcası için çalışarak eşi olarak alabildi. En başından beri Rahel'i Lea'dan daha fazla sevmişti. Fakat

Rahel'in hiç çocuğu olmazken, Lea'nın dört tane çocuğu oldu. O zamanlar bir kadının çocuğunun olmaması utanç vericiydi ve Rahel, kız kardeşi Lea'yı sürekli kıskanıyordu. Kıskançlıktan gözü öylesine kararmıştı ki kocası Yakup'a da zorluk çıkarıyordu. "Bana çocuk ver, yoksa öleceğim" (Yaratılış 30:1). Hem Rahel hem de Lea, hizmetkârlarını cariye olarak Yakup'a verdiler. Eğer yüreklerinde azıcık olsun gerçek sevgi olsaydı, kocaları tarafından bir diğeri daha çok sevildiğinde sevinebilirlerdi. Kıskançlık hepsini – Lea, Rahel ve Yakup– mutsuz etti. Dahası çocuklarını da etkiledi.

Başkalarının Daha Talihli Olmasını Kıskanmak

Kıskançlık, kişilerin değer yargılarına göre farklılık gösterir. Fakat genelde bir kişi diğerinden zenginse, daha bilgiliyse ve daha becerikliyse ya da diğer kişi daha çok seviliyor ve beğeniliyorsa kıskanabiliriz. Bir kişinin bizden daha iyi olduğu hissinden kıskançlık doğduğunda okulda, işyerinde ve evde kendimizi kıskançlık içinde bulmamız zor değildir. Bir akranımız ilerlemiş ise ve bizden daha gönenç içindeyse o kişiden nefret edebilir ve onu karalayabiliriz. Daha gönenç içinde olmak ve başkalarınca beğenilmek için onları ezmemiz gerektiğini düşünebiliriz.

Örneğin bazı insanlar şirket için terfi almak istediklerinden diğerlerinin hatalarını ve kusurlarını açığa vurarak haksızca üstlerinin onlardan şüphe duymasını sağlarlar. Genç öğrenciler bile bu konuda istisna değildir. Bazı öğrenciler, akademik açıdan başarılı olanları rahatsız eder ya da öğretmenlerce sevilen öğrencilere kabadayılık ederler. Evde çocuklar, anne ve babalarının gözüne daha çok girmek ve beğenisini kazanmak için kardeşlerini karalar ve kavga ederler. Diğerleri de ebeveynlerinden daha fazla malı miras edinmek için bunu yaparlar.

İnsanlık tarihindeki ilk katil Kayin'in durumunda bu olmuştu. Tanrı, Habil'in sunusunu kabul etmişti. Kayin, küçümsendiğini hissetti ve kardeşine olan kıskançlık içini yanıp tutuşturdu ve sonunda öz kardeşi Habil'i öldürdü. Anne ve babası Âdem'le Havva'dan hayvanlarının kanının sunulmasını sıklıkla duymuş ve bunu gayet iyi biliyor olmalıydı. "Nitekim Kutsal Yasa uyarınca hemen her şey kanla temiz kılınır, kan dökülmeden bağışlama olmaz" (İbraniler 9:22).

Buna rağmen gidip sadece sürdüğü topraktan hasadını aldığı ürünleri sunu olarak verdi. Öte yandan Habil, Tanrı'nın isteğine uygun olarak yürekten ilk doğan koyunu kurban verdi. Bazıları Habil'in çoban olması sebebiyle kuzu sunusu vermesinin zor olmadığını söyleyebilir ama durum hiç de böyle değildi. Tanrı'nın isteğini anne-babasından öğrenmişti ve kendisi de O'nun isteği ardınca gitmeyi istiyordu. Bu sebeple Tanrı, sadece Habil'in sunusunu kabul etti. Kayin ise kendi hatasından pişmanlık duymak yerine erkek kardeşini kıskandı. Kıskançlık bir kez ateşlendiğinde alevleri söndürülemez hale geldi ve sonunda kardeşi Habil'i öldürdü. Bundan dolayı Âdem'le Havva ne acı çekmiş olmalı!

İmandaki Kardeşler Arasındaki Kıskançlık

Bazı inanlılar sınıf, konum, iman ya da Tanrı'ya bağlılıkta kendilerinden ileri de olan imandaki kardeşlerini kıskanırlar. Böylesi bir fenomen genelde yaşları, konumları ve inanlı oluş süresi birbirine yakın olanlar ya da diğer kişiyi gayet iyi tanıdıklarında olur. Matta 19:30 ayeti, "Ne var ki, birincilerin birçoğu sonuncu, sonuncuların birçoğu da birinci olacak" dediği gibi, bazen imandaki yılları, yaşları ve kilisedeki konumları bizden daha aşağıda olanlar önümüze geçebilir. O zaman onlara karşı güçlü bir kıskançlık besleyebiliriz. Böyle bir kıskançlık sadece aynı kilisenin inanlıları arasında olmaz. Pederler, kilise üyeleri, kiliseler ve hatta farklı Hristiyan kuruluşları arasında bile olabilir. Bir kişi Tanrı'yı yücelttiğinde herkes bir arada sevinmelidir, ama bunun yerine diğer insanları ve kuruluşları alaşağı etmek için sapkın olmakla karalarlar. Birbirlerine nefret edip kavga eden çocukları olan anne ve babalar nasıl hissederdi? Çocukları kendilerine yiyeceğin ve giysinin iyisini verseler bile mutlu olmazlardı. Ve Tanrı'nın çocukları olan inanlılar birbirleriyle kavga edip tartışıyor ya da kiliseler arasında kıskançlık oluyorsa, bu da Rabbimizin acı çekmesine neden olurdu.

Saul'un Davut'u Kıskanması

Saul, İsrail'in ilk kralıydı. Hayatını, Davut'u kıskanmakla harcadı. Saul'a göre Davut, ülkesini kurtaran parlak zırhlı bir şövalyeydi. Filistli Golyat'ın tehditleri yüzünden askerlerin morali sıfır olduğunda Davut, hızlı bir şekilde yükseldi ve bir sapanla Filistli devi yere serdi. Bu tek eylem İsrail'e zafer getirdi. O zamandan itibaren Davut, Filistlilerin saldırılarına karşı ülkesini koruyarak hızlı bir şekilde sayısız görev yerine getirdi. Saul ile Davut arasındaki sorun bu noktada doğdu. Saul, savaş meydanından zaferle dönen Davut'u karşılayan kalabalığın oldukça kendisini rahatsız eden şu sözlerini duydu: "Saul binlercesini öldürdü, Davut'sa on binlercesini" (1. Samuel 18:7).

Saul çok rahatsız oldu ve şöyle düşündü: "Beni nasıl olurda Davut'la kıyaslarlar. Değersiz bir çoban!"

Bu yorumları düşündükçe öfkesi arttı. Halkın Davut'u böylesine övmesinin doğru olduğunu düşünemedi ve o andan itibaren Davut'un eylemleri kuşkulu görünür oldu. Saul, muhtemelen Davut'un halkın kalbin kazanmaya çalıştığını düşünüyordu. Şimdi Saul'un öfkesinin oku, Davut'a yönelmişti. "Eğer Davut şimdiden insanların kalbini kazandıysa, isyan etmesi an meselesidir" diye düşündü.

Düşünceleri abartıya kaçtıkça Saul, Davut'u öldürmek için fırsat kollamaya başladı. Bir keresinde kötü bir ruh Saul'a sıkıntı çektirmiş, Davut ise onun için lir çalmıştı. Saul, bunu fırsat bilip Davut'a mızrağını fırlattı. Bereket versin ki Davut mızraktan kurtulup kaçabildi. Saul, Davut'u öldürme çabasından vazgeçmedi. Sürekli olarak ordusuyla Davut'u kovaladı.

Tüm bunlara rağmen Tanrı tarafından mesh edildiği için Davut'un Saul'a zarar verme arzusu hiç olmadı ve Kral Saul'da bunu biliyordu. Fakat Saul'un fitili ateşlenen öfkesinin alevi soğumadı. Sürekli olarak kıskançlığından kaynaklanan rahatsız edici düşüncelerden sıkıntı çekti. Filistlilerle yapılan bir savaşta ölene dek Davut'a olan kıskançlığı yüzünden hiç huzur bulamadı.

Musa'yı Kıskananlar

Çölde Sayım bölüm 16'da Korah'ı, Datan'ı ve Aviram'ı okuruz. Korah Levi oğlu, Datan ile Aviram ise Ruben soyundandı. Musa'ya ve hem erkek kardeşi hem de yardımcısı olan Harun'a garez duyuyorlardı. Musa'nın Mısırlı bir prens olduğu gerçeğine sinirleniyorlardı ve şimdi bir kaçak ve Midyanlı bir çoban olmasına rağmen kendilerini yönetiyordu. Bir bakıma kendilerinin önder olmasını istiyorlardı. Böylece bir grup oluşturacak şekilde insanlarla toplandılar.

Korah, Datan ve Aviram iki yüz elli kişi topladılar ve güçlü olacaklarını düşündüler. Musa'yla Harun'a giderek tartıştılar: "Çok ileri gittiniz! Bütün topluluk, topluluğun her bireyi kutsaldır ve RAB onların arasındadır. Öyleyse neden kendinizi RAB'bin topluluğundan üstün görüyorsunuz?" (Çölde Sayım 16:3)

Musa'yla yüzleşirken hiç çekinmemelerine rağmen Musa onlara karşılık vermedi. Bunu duyar duymaz yüzüstü yere kapanarak Tanrı'ya dua etti, onların hatalarını anlamalarına çalıştı ve Tanrı'nın adaletini diledi. O vakit Tanrı'nın gazabı Korah'ın, Datan'ın ve Aviram'ın ve onlarla birlikte olanların üzerinde yükseldi. Yer yarıldı, onları, eşlerini, oğullarını yuttu ve diri diri ölüler diyarına indiler. Ayrıca RAB'BİN gönderdiği ateş buhur sunan iki yüz elli adamı yakıp yok etti.

Musa, o insanların hiç birine haksızlık etmemişti (Çölde Sayım 16:15). Halkına öncülük etmek için sadece elinden gelen en iyisini yapmıştı. Belirti ve harikalar aracılığıyla zaman zaman Tanrı'nın onlarla birlikte olduğunu kanıtlamıştı. Mısır'da onlara On Bela'yı göstermiş, ortadan ikiye ayırarak Kızıldeniz'den kuru toprak üzerinden geçmelerini sağlamıştı. Kayadan su çıkarmış, çölde man ve bıldırcın yemelerini sağlamıştı. Buna rağmen bile Musa'nın kendini üstün gördüğünü söyleyerek onu karaladılar ve ona karşı geldiler.

Tanrı, Musa'yı kıskanmanın ne büyük bir günah olduğunu insanların görmesini sağladı. Tanrı'nın atadığı bir insanı yargılamak ve suçlamak Tanrı'nın bizzat kendisini yargılamak ve suçlamaktır. Bu sebeple kusurlu ya da dinden sapmış olduklarını söyleyerek Rab'bin adıyla faaliyet gösteren kiliseleri ve kuruluşları dikkatsizce eleştirmemeliyiz. Hepimiz Tanrı'da kız ve erkek kardeşler olduğumuzdan aramızdaki kıskançlık Tanrı'nın katında büyük bir günahtır.

Anlamsız Şeyler üzerinde Kıskançlık

Salt kıskanarak istediğimizi elde edebilir miyiz? Hiçbir suretle! Öteki insanları zora sokabiliriz ve onların bir adım önünde gibi görünebiliriz, ama esasen istediğimiz her şeyi elde edemeyiz. Yakup 4:2 ayeti şöyle der: "Bir şey arzu ediyor, elde edemeyince adam öldürüyorsunuz. Kıskanıyorsunuz, isteğinize erişemeyince çekişip kavga ediyorsunuz. Elde edemiyorsunuz, çünkü Tanrı'dan dilemiyorsunuz."

Kıskanmak yerine Eyüp 4:8 ayetini dikkate alın: "Benim gördüğüm kadarıyla, fesat sürenler, Kötülük tohumu ekenler ektiklerini biçiyor." Yaptığınız kötülük tıpkı bir bumerang gibi size geri dönecektir.

Ektiğiniz kötülüğün cezası olarak evinizde ya da işyerinizde felaketlerle yüzleşebilirsiniz. Özdeyişler 14:30 ayetinde, "Huzurlu yürek bedenin yaşam kaynağıdır, Hırs ise insanı için için yer bitirir" yazdığı gibi sonuçlar sadece kişinin kendisine zarar verdiğinden tamamen anlamsızdır. Bu sebeple birilerinin önüne geçmek istiyorsanız, kıskanç düşünce ve eylemlerle enerjinizi harcamak yerine her şeyi kontrol eden Tanrı'dan istemelisiniz.

Kuşkusuz ki dilediğiniz her şeyi alamazsınız. Yakup 4:3 ayeti şöyle der: "Dilediğiniz zaman da dileğinize kavuşamıyorsunuz. Çünkü kötü amaçla, tutkularınız uğruna kullanmak için diliyorsunuz." Eğer bir şeyi kendi keyfiniz için harcamak üzere diliyorsanız, Tanrı'nın isteği olmadığı için alamazsınız. Fakat pek çok vakada insanlar tutkularının ardınca dilerler. Kendi rahatları ve gururlarıyla zenginlik, ün ve güç dilerler. Pederliğim esnasında bu beni üzer. Hakiki ve gerçek kutsama zenginlik, ün ve güç değil, ama bir kişinin canının gönenç içinde olmasıdır.

Ne kadar çok şeye sahip olup keyfini çıkarırsanız çıkarın, kurtuluşu alamadıktan sonra faydası nedir? Hatırlamamız gereken şey, bu dünyadaki tüm şeylerin tıpkı bir sis gibi yitip gideceğidir. 1. Yuhanna 2:17 ayeti şöyle der: "Dünya da dünyasal tutkular da geçer, ama Tanrı'nın isteğini yerine getiren sonsuza dek yaşar." Ve Vaiz 12:8 ayeti şöyle der: "'Her şey boş diyor Vaiz, "Bomboş!" Dünyanın anlamsız şeylerine tutunarak kardeşlerinizi kıskanmayacağınızı, ama Tanrı katında doğru bir yüreğe sahip olacağınızı umut ediyorum. O zaman Tanrı, yüreklerinizin arzularını yanıtlayacak ve sizlere sonsuz göksel egemenliği bahşedecektir.

Kıskançlık ve Ruhani Arzu

İnsanlar Tanrı'ya inanır ama buna rağmen kıt imanları ve sevgileri olduğu için kıskançlık yaparlar. Eğer Tanrı'ya sevginiz ve göksel egemenliğe imanınız kıtsa, bu dünyada zenginlik, ün ve güç kazanmak için kıskanç olabilirsiniz. Eğer Tanrı'nın çocukları ve göklerin vatandaşlığı haklarının tüm güvencesine sahipseniz, Mesih'teki kardeşleriniz dünyevi ailenizden çok daha değerlidir. Çünkü onlarla sonsuza dek göksel egemenlikte yaşayacağınıza inanırsınız.

İsa Mesih'e iman etmeyenler bile değerlidir ve göksel egemenliğe yönlendirmemiz gerekenler onlardır. Bu imanla gerçek sevgiyi içimizde yetiştirdikçe komşularımızı da kendimiz gibi sevmeye başlayacağız. Ve o zaman başkaları iyi durumdaysa, sanki kendimiz iyi durumdaymışız gibi mutlu olacağız. Gerçek imana sahip insanlar dünyanın anlamsız şeylerini aramaz, ama zorlayarak göksel egemenliği ele geçirmek için Rab'bin işlerini şevkle yapmaya çabalarlar.

Vaftizci Yahya'nın ortaya çıktığı günden bu yana Göklerin Egemenliği zorlanıyor, zorlu kişiler onu ele geçirmeye çalışıyor (Matta 11:12).

Ruhani arzu, kesinlikle kıskançlıktan farklıdır. Rab'bin işinde istekli ve sadık olmayı arzulamak önemlidir. Ama eğer tutku çizgiyi geçerse ve gerçekten uzaklaşırsak ya da diğerlerinin tökezlemesine neden olursak, bu kabul edilemez. Rab'be olan işlerimize kendimizi adarken çevremizdeki insanların ihtiyaçlarını dikkate almalı, onların çıkarlarını gözetmeli ve herkesle barış içinde olmalıyız.

4. Sevgi Övünmez

Sürekli kendileriyle övünen insanlar vardır. Övündükleri zaman başkalarının neler hissedebileceğini umursamazlar. Başkalarının kabulünü kazanmayı isterken, sadece sahip olduklarıyla gösteriş yapmayı isterler. Genç Yusuf, rüyasından övünüyordu. Bu, kardeşlerinin kendisinden nefret etmesine neden oldu. Babasının kendisine olan özel sevgisi yüzünden kardeşlerinin yüreklerini anlayamadı. Daha sonra bir köle olarak Mısır'a satıldı ve sonunda ruhani sevgiyi yetiştireceği pek çok sınamadan geçti. İnsanlar ruhani sevgiyi yetiştirmeden önce gösteriş yaparak ve kendilerini göklere çıkararak esenliği bozabilirler. Bu yüzden Tanrı, "Sevgi övünmez" der.

Kısaca açıklamamız gerekirse, övünmek bir kişinin kendisini ortaya atması ve gösteriş yapmasıdır. İnsanlar başkalarından daha iyi bir şey yaptıklarında ya da daha iyi bir şeye sahip olduklarında genelde onlarca fark edilmeyi isterler. Böyle bir övüncün etkisi nasıl olur?

Örneğin bazı ebeveynler okullarında iyi olan çocuklarıyla caka satıp övünürler. O vakit diğer insanlar onlarla sevinir, ama pek çoğunun gururu kırılır ve garez olurlar. Sebepsiz yere çocuklarını azarlayabilirler. Eğer başkalarının duygularını birazcık olsun düşünecek kadar iyilik kırıntısına sahip biriyseniz, çocuğunuz okulunda ne kadar iyi olursa olsun bu şekilde onlarla övünmezsiniz. Ayrıca komşunuzun çocuğunun da okulda iyi olmasını istersiniz ve olursa sevinçle onu tebrik edersiniz.

Övünen insanlar ayrıca başkalarınca yapılan iyi işleri takdir etmek ve methetmek hususunda da daha az istekli olma eğilimindedirler. Bu ya da şu şekilde başkalarını aşağılamak eğilimindedirler çünkü başkaları fark edildikçe kendilerinin arka plana düşeceğini düşünürler. Bu tek yönlü övünç sıkıntıya sebebiyet verir. Bu şekilde davranan övünç içinde yürek, gerçek sevgiden uzaktır. Kendinizi överseniz fark edileceğinizi düşünebilirsiniz, ama bu, samimi bir saygı ve sevgiye maruz kalmanızı zorlaştırır. Çevrenizde sizi kıskanan insanların yerine, size karşı garez ve kıskançlık besleyen insanları çeker. "Ne var ki, şimdi küstahlıklarınızla övünüyorsunuz. Bu tür övünmelerin hepsi kötüdür" (Yakup 4:16).

Maddi Yaşamın Verdiği Gurur Dünya Sevgisinden Gelir

İnsanlar neden kendileriyle övünürler? Çünkü onlarda maddi yaşamın verdiği gurur vardır. Maddi yaşamın verdiği gururla kastedilen, bu dünyanın zevklerine uygunca bir kişinin kendisini övmesidir." Bu, dünyaya olan sevgiden gelir. İnsanlar genelde önemli saydıkları şeylerle övünürler. Parayı sevenler, sahip oldukları parayla övünürler ve dış görünüşün önemli olduğunu düşünenler bununla övünürler. Kısaca parayı, dış görünüşü, ünü veya sosyal gücü Tanrı'nın önüne koyarlar.

Kilisemizin üyelerinden birinin, Kore'nin büyük işletmelerine bilgisayar satan başarılı bir işi vardı. İşini genişletmeyi istiyordu. Çeşitli krediler alarak internet cafe bayilerine ve internet yayıncılığına yatırım yaptı. Takribi iki milyon Amerikan dolarına tekabül eden iki milyar wonluk bir sermaye koyarak bir şirket kurdu.

Fakat dönüşümün hızı yavaştı ve kayıplar artarak sonunda şirketi iflas etti. Evi, müzayedeye devredildi ve borçlular peşini bırakmıyordu. Küçük evlerin bodrum ya da çatı katlarında yaşamak zorunda kaldı. Geriye dönüp kendine baktığında başarısıyla övünme ve para arzusu olduğunu artık fark etti. İşini kendi kapasitesinin ötesine genişlettiği için çevresindeki insanlara zorluk çıkardığını fark etti.

Tüm yüreğiyle Tanrı'nın huzurunda tamamıyla tövbe ettiğinde ve açgözlülüğünü söküp attığında, kanalizasyon borularını ve mikroplu tankları temizleme işi olduğu için mutluydu. Tanrı, onun durumunu dikkate aldı ve yeni bir işe başlaması için ona bir yol gösterdi. Şimdi her daim doğru yoldan yürüdüğünden işi gayet başarılıdır.

1. Yuhanna 2:15-16 ayetleri şöyle der: "Dünyayı da dünyaya ait şeyleri de sevmeyin. Dünyayı sevenin Baba'ya sevgisi yoktur. Çünkü dünyaya ait olan her şey – benliğin tutkuları, gözün tutkuları, maddi yaşamın verdiği gurur – Baba'dan değil, dünyadandır."

Güney Yahuda'nın on üçüncü kralı Hizkiya, Tanrı'nın nazarında doğru bir insandı ve ayrıca tapınağı arındırdı. Duayla Asurluların istilasının üstesinden geldi. Hastalandığında gözyaşları için dua etti ve yaşamı 15 yıl daha uzadı. Yine de içinde maddi yaşamın verdiği gururun kalıntıları vardı. İyileştikten sonra Babil'li elçiler ziyaretine geldi.

Hizkiya, onların gelmesinden öylesine mutlu oldu ki deposundaki bütün değerli eşyaları – altını, gümüşü, baharatı, değerli yağı, silah deposunu ve hazine odalarındaki her şeyi – elçilere gösterdi. Övünmesi yüzünden Güney Yahuda Babil tarafından işgal edildi ve tüm hazineler Babil'e taşındı (Yeşaya 39:1-6). Övüncün kaynağı dünya sevgisidir ve kişide Tanrı sevgisi olmadığı anlamına gelir. Bu sebeple gerçek sevgiyi yetiştirmek için bir kişinin maddi yaşamın verdiği gururu yüreğinden söküp atması gerekir.

Rab'le Övünmek

Övünmenin iyi olan bir çeşidi de vardır. 2. Korintliler 10:17 ayetinde, "Övünen, Rab'le övünsün" yazdığı gibi, Rab'le övünmektir. Rab'le övünmek, Tanrı'yı yüceltmek olduğundan çok daha iyidir. 'Tanıklık', böylesi bir övünce iyi bir örnektir.

Pavlus, Galatyalılar 6:14 ayetinde şöyle demiştir: "Bana gelince, Rabbimiz İsa Mesih'in çarmıhından başka bir şeyle asla övünmem. O'nun çarmıhı aracılığıyla dünya benim için ölüdür, ben de dünya için."

Söylenmiş olduğu gibi, bizleri kurtaran ve bizlere göksel egemenliği bahşeden İsa Mesih'le övünürüz. Günahlarımız yüzünden sonsuz ölüme mahkûmduk, ama çarmıhta günahlarımızın bedelini ödeyen İsa sayesinde sonsuz yaşamı kazandık. Nasıl şükran duymayalım!

Bu sebeple elçi Pavlus güçsüzlüğüyle övünmüştür. 2. Korintliler 12:9 ayeti şöyle der: "Ama O [Rab] bana, 'Lütfum sana yeter. Çünkü gücüm, güçsüzlükte tamamlanır' dedi. İşte, Mesih'in gücü içimde bulunsun diye güçsüzlüklerimle sevinerek daha çok övüneceğim."

Aslında Pavlus, birçok belirti ve harikalar ortaya koymuş ve pek çok insan, hastaları iyileşsin diye peşkirlerle peştamalları Pavlus'un bedenine değmesi için ona getiriyorlardı. Üç misyon seyahatinde bulunarak pek çok insanı Rab'be yönlendirdi ve pek çok şehirde kiliseler kurdu. Fakat tüm bu işleri yapanın kendisi olmadığını söylemiştir. Yaptıklarını yapmasına izin veren Tanrı'nın lütufu ve Rab'bin gücüyle sadece övünmüştür.

Günümüzde pek çok insan günlük hayatlarında yaşayan Tanrı'yla buluştuklarına ve O'nu deneyim ettiklerine tanıklık ederler. Samimiyetle Tanrı'yı aradıklarında ve O'na olan sevgilerinin eylemlerini ortaya koyduklarında hastalıklarının iyileştiğini, finansal kutsama aldıklarını ve ailelerine esenlik geldiğini söyleyerek Tanrı'nın sevgisini duyururlar.

Özdeyişler 8:17 ayetinde, "Beni sevenleri ben de severim, Gayretle arayan beni bulur" dendiği gibi, Tanrı'nın yüce sevgisini deneyim ettikleri ve ruhani kutsamaları aldıkları anlamına gelen büyük bir imana sahip oldukları için şükran duyarlar. Rab'le böylesi bir övünç, Tanrı'yı yüceltir ve insanların yüreklerine imanla yaşam eker. Ve bunu yaparak göklerde ödüller biriktirir, yüreklerinin arzularını daha hızla alırlar.

Fakat burada bir hususta dikkatli olmalıyız. Bazı insanlar Tanrı'yı yücelttiklerini söyler ama aslında kendilerinin ya da yaptıklarının başkalarınca bilinmesini sağlamaya çalışırlar. Kendi çabalarıyla kutsamaları alabildiklerini ima ederler. Tanrı'yı yüceltir gibi görünürler, ama aslında sadece kendilerine itibar kazandırmaktadırlar. Şeytan, bu insanlara karşı suçlamalar yöneltir. Neticede kendileriyle övünmeleri açığa vurulacaktır ve çeşitli testlerle sınamalardan geçebilir ya da kimse tarafından fark edilmez ve Tanrı'dan uzaklaşırlar.

Romalılar 15:2 ayeti şöyle der: "Her birimiz komşusunu ruhça geliştirmek için komşusunun iyiliğini gözeterek onu hoşnut etsin." Yazdığı gibi, her zaman komşularımızı geliştirmek ve onların için iman ekmek üzere sözlerimi sarf etmeliyiz. Nasıl ki su, bir filtreden geçerek arınıyorsa, konuşmadan önce sözlerimizi filtremeli, dinleyenlere sözlerimiz ruhça geliştirecek mi, yoksa onları incitecek mi diye düşünmeliyiz.

Maddi Yaşamın Verdiği Gururu Söküp Atmak

Övünecek onca şeye sahip olsalar bile kimse sonsuza dek yaşamaz. Bu dünyadaki yaşamdan sonra insanlar ya cehenneme ya da göksel egemenliğe giderler. Göklerde üzerine bastığımız yollar bile altındandır ve oradaki zenginlik bu dünyayla mukayese edilemez. Yani bu dünyada övünmek öylesine anlamsızdır. Ayrıca bir kişi ne kadar zengin, ünlü, bilgili ya da güçlü olursa olsun, cehenneme gidiyorsa övünebilir mi?

İsa şöyle demiştir: "İnsan bütün dünyayı kazanıp da canından olursa, bunun kendisine ne yararı olur? İnsan kendi canına karşılık ne verebilir? İnsanoğlu, Babası'nın görkemi içinde melekleriyle gelecek ve herkese, yaptığının karşılığını verecektir" (Matta 16:26-27).

Dünyayla övünmek asla ne sonsuz yaşamı ne de tatmini kazandırır. Aksine anlamsız arzuların doğmasına sebep olur ve bizleri yıkıma taşır. Bu gerçeğin farkına vardıkça ve yüreklerimizi göklerin umuduyla doldurdukça maddi yaşamın verdiği gururu söküp atacak kudreti alacağız. Yenisini alınca eski ve yıpranmış oyuncağını kolayca atabilen bir çocuğun haline benzer. Göksel egemenliğin göz kamaştırıcı güzelliğini bildiğimizden, bu dünyanın şeylerine sahip olmak için onlara sarılmaz ya da mücadelesini vermeyiz.

Maddi yaşamın verdiği gururu bir kez söküp atarsak sadece İsa Mesih'le övüneceğiz. Bu dünyaya ait hiçbir şeyi övünce değer bulmayacak, aksine göksel egemenlikte sonsuza dek tadına varacağımız görkemle sadece gururlanacağız. O zaman daha önce hiç bilmediğimiz bir sevinçle dolacağız. Hayat yolumuzda bazı zor anlarla karşılaşsak bile onların çok zor olduğunu düşünmeyeceğiz. Bizleri kurtarmak için biricik oğlunu veren Tanrı'nın sevgisine sadece şükran duyacak ve bu yüzden her koşulda sevinçle dolacağız. Eğer yaşamın verdiği maddi gururu aramazsak, övgüler aldığımızda göklere çıkmaz ya da eleştirildiğimizde cesaretimiz kırılmaz. Övgüler aldığımızda alçakgönüllülükle sadece kendimizi gözden geçirecek ve azarlandığımızda şükran duyarak kendimizi daha da değiştirmeye çalışacağız.

5. Sevgi Böbürlenmez

Kendileriyle kolayca övünebilen insanlar başkalarından daha iyi olduğunu düşünür ve böbürlenirler. Hayatları yolunda gidiyorsa iyi bir iş yaptıklarından dolayı böyle olduğunu düşünür, kibirlenir ve tembelleşirler. İncil, Tanrı'nın en çok nefret ettiği kötülüklerden birinin kibir olduğunu söyler. Ayrıca kibir, Tanrı'yla yarışmak amacıyla insanların Babil kulesini inşa etmesinin sebebi ve Tanrı'nın da dilleri karıştırmasına neden olan hadisesidir.

Böbürlenen İnsanların Özellikleri

Kibirli bir kişi, başkalarının kendisinden daha iyi olmadığını düşünür ve onları küçümseyip hor görür. Böyle bir kişi, her açıdan kendisinin üstün olduğunu ve kendisinin en iyi olduğunu düşünür. Her meselede başkalarını hor görür, onlara tepeden bakar ve onlara öğretmeye çalışır. Kendisinden daha aşağıda gibi görünen insanlara karşı kibirli davranışları kolayca sergiler. Bazen aşırı bir kibirle iş dünyasında ya da sosyal hiyerarşi içinde kendisinden daha yüksek konumda olanları, kendisine öğreten ve rehberlik edenleri küçümser. Üstlerinden öğüt, sert eleştiri ve nasihat dinlemeyi istemez. "Üstlerim tüm bunları, hiçbir şeyden haberleri olmadığı için bana söylüyor" ya da "Ben her şeyi biliyorum ve gayet iyi yapabilirim" düşüncesiyle yakınırlar.

Böyle bir insan başkalarıyla tartışmalara ve kavgalara neden olur. Özdeyişler 13:10 ayeti şöyle der: "Kibirden ancak kavga çıkar, Öğüt dinleyense bilgedir."

2. Timoteos 2:23 ayeti bize şöyle der: "Saçma, cahilce tartışmalara girmeyi reddet. Bunların kavga doğurduğunu bilirsin." Bu yüzden salt kendiniz doğru olduğunu düşünmek akılsızca ve yanlıştır.

Her bireyin farklı bir vicdanı ve farklı bilgisi vardır çünkü her bireyin gördükleri, duydukları, yaşadıkları ve öğrendikleri farklıdır. Fakat her birinin bilgilerinin çoğu yanlıştır ve bazıları yanlış bir biçimde depolanmıştır. Eğer bu bilgiler uzunca bir zaman içimizde kemikleşmiş ise, kendimize has doğruluk ve zihniyet oluşur. Kendine has doğruluk sadece kendi fikirlerimizin doğru olduğunda ısrarcıdır ve kemikleştiğinde düşünce yapımız olur. Bazı insanlar kişilikleriyle ya da sahip oldukları bilgileriyle zihniyetlerini oluştururlar.

Zihniyet, insan bedeninin bir iskeleti gibidir. Bireylerin biçimlerini oluşturur ve bir kez oluştuğunda kırılması zordur. İnsanların çoğunun düşünceleri kendilerine has doğruluklarından ve zihniyetlerinden gelir. Aşağılık kompleksi olan birine, bir başkası suçlayarak parmağını sallarsa çok hassas bir şekilde tepki verir. Veyahut bir vecizede geçtiği gibi zengin bir insan giysisini düzeltiyorsa, insanlar onun giysisiyle övünüp caka sattığını düşünür.

İlkokul öğretmenimden Özgürlük Anıtı'nın San Fransisco'da olduğunu öğrenmiştim. Özgürlük Anıtı'nın resmi ve Amerika Birleşik Devletleri'nin haritasıyla bana öğretişini dün gibi hatırlıyorum. 1990 yılının başlarında birleşmiş bir diriliş toplantısına öncülük etmek üzere Amerika'ya gittim. Özgürlük Anıtı'nın New York'ta olduğunu o zaman öğrendim.

Benim için Özgürlük Anıtı'nın San Fransisco'da olması gerekiyordu; bu nedenle neden New York şehrinde olduğunu anlamadım. Çevremdeki insanlara sorduğumda esasen New York'ta olduğunu bana söylediler. Gerçek olduğuna inanmış olduğum bir bilginin aslında doğru olmadığını fark ettim. O anda ayrıca doğru olduğuna inandığım şeylerin yanlış olabileceğini düşündüm. Pek çok insan doğru olmayan şeylere inanır ve onlar üzerinde ısrar ederler.

Hatalı olsalar bile kibirli olanlar bunu kabul etmez, ama kendi fikirlerinde ısrar etmeye devam ederler ve bu da tartışmaları doğurur. Fakat alçakgönüllü olanlar, karşılarındaki kişi hatalı olsa bile tartışmazlar. Kendilerinin %100 doğru olduğundan emin olsalar bile yinede hatalı olabileceklerini düşünürler çünkü karşılarındaki kişiyle yaptıkları tartışmadan galip çıkma gibi bir niyetleri yoktur.

Alçakgönüllü bir yüreğin başkalarının iyiliğini dikkate alan ruhani sevgisi vardır. Başkaları daha az talihli, daha az eğitimli ya da daha az sosyal güce sahip olsalar bile yürekten başkalarının iyiliğini kendimizden daha fazla dikkate almalıyız. İsa, kanını dökmüş olduğu için, tüm insanları çok değerli sayarız.

Benliğin Kibri ve Ruhani Kibir

Eğer bir kişi dışa dönük olarak kendisiyle böbürlenmesinin eylemlerini ortaya koyuyor, gösteriş yapıyor ve diğerlerine tepeden bakıyorsa böylesi bir kibrin farkına kolalıkla varır. Rab'be iman ettikçe ve gerçeği öğrendikçe benliğe ait kibrin bu özellikleri kolaylıkla sökülüp atılabilir. Öte yandan bir kişinin ruhani kibrinin farkına varması ve onu söküp atması kolay değildir. Öyleyse ruhani kibir nedir?

Uzunca bir süre kiliseye giderseniz, Tanrı'nın Sözünün bilgisini çokça depolarsınız. Ayrıca kilisede unvan ve konum sahibi olabilir ya da önderler olarak seçilebilirsiniz. O zaman "Çok şey başardım. Pek çok konuda doğru olmalıyım" diye düşünecek kadar yüreğinizde Tanrı sözünün bilgisini yetiştirdiğinizi duyumsayabilirsiniz. Gerçeğe göre doğru ile yanlışı ayırabildiğinizi düşünerek bir bilgi olarak depolanmış Tanrı sözüyle başkalarını azarlayabilir, yargılayabilir ve suçlayabilirsiniz. Kilisenin bazı önderleri kendi çıkarları ardınca gider, tutmaları gereken kural ve düzeni çiğnerler. Eylemleriyle kilisenin düzenini ihlal ederler, ama "Bulunduğum konum itibarıyla benim için sorun yok. Ben istisnayım" diye düşünürler. Böylesi yücelmiş bir akıl ruhani kibirdir.

Yücelmiş bir yürekle Tanrı'nın yasa ve düzenini dikkate

almayıp Tanrı'ya olan sevgimizi dile getiriyor olmamız gerçek değildir. Eğer başkalarını yargılıyor ve suçluyorsak, gerçek sevgiyi sahip olduğumuz söylenemez. Gerçek, başkalarına bakmamızı, dinlememizi ve onlar hakkında iyi şeyler söylememizi bize öğretir.

Kardeşlerim, birbirinizi yermeyin. Kardeşini yeren ya da yargılayan kişi, Yasa'yı yermiş ve yargılamış olur. Yasa'yı yargılarsan, Yasa'nın uygulayıcısı değil, yargılayıcısı olursun (Yakup 4:11).

Başkalarının zayıflıklarını keşfettiğinizde nasıl hissediyorsunuz?

Jack Kornfield, Bağışlama, Sevecen Yumuşaklık ve Huzur Sanatı adlı kitabında yeteneksiz eylemlerle uğraşmanın farklı yolları hakkında yazar.

"Güney Afrika'nın Babemba kabilesinde bir kişi sorumsuz ve haksızca hareket ederse, köyün tam ortasına yalnız ve özgür olarak bırakılır. Tüm işler bitince köyün tüm erkekleri, kadınları ve çocukları büyük bir çember oluşturacak şekilde suçlanan kişinin etrafında toplanırlar. Kabilenin her bir bireyi, suçlanan kişinin hayatında yapmış olduğu iyi şeyleri hatırlayarak teker teker onunla konuşurlar. Detayla ve doğrulukla, hatırlanan her olay ve her deneyim anlatılır. Suçlunun tüm pozitif yönleri, iyi eylemleri, güçlü olduğu yanları ve iyilikleri dikkatlice ve uzun uzadıya sayıp dökülür. Bu kabile töreni sıklıkla birkaç gün sürer. Sonunda kabile çemberi kırılır, sevinçli bir kutlama yerini alır ve suçlanan kişi sembolik ve tam olarak kabileye yeniden kabul edilir."

Bu süreç vesilesiyle hata yapan bu insanlar kendilerine olan güvenlerini kazanır ve kabileye faydalı olmayı kafalarına koyarlar. Bu eşsiz kabileye şükürler olsun ki topluluklarında suç oranının oldukça az olduğu söylenir.

Başkalarının hatalarını gördüğümüzde önce onları yargılayıp suçluyor muyuz, yoksa merhametli ve acıyan bir yürekle mi onlara yaklaşıyoruz diye kendimizi gözden geçirebiliriz. Bu ölçütle tevazu ve sevgiyi ne kadar yetiştirdiğimizi yoklayabiliriz. Sürekli olarak kendimizi yoklayarak salt uzunca bir zamandır inanlıyız diye başardıklarımızla tatmin olmamalıyız.

Tamamıyla kutsallaşmadan evvel herkes, kibrin gelişimine izin veren doğaya sahiptir. Bu yüzden kibrin doğasının köklerini çekip çıkarmak önemlidir. Adanmış dualarla onu tamamen çekip çıkarana kadar her an yeniden kök verebilir. Otları kesmeye benzer; bütünüyle kökünden çekip çıkarmadığınız sürece otlar da büyümeye devam ederler. Diğer bir deyişle, günahkâr doğa tamamıyla yürekten çekip çıkarılmadığından dolayı uzunca bir zaman imanda bir yaşam sürseler de kibir akla yine düşer. Bu sebeple Rab'bin huzurunda çocuklar gibi kendimizi her zaman alçakgönüllü kılmalı, başkalarını kendimizden daha iyi saymalı ve sürekli olarak ruhani sevgiyi yetiştirmenin mücadelesini vermeliyiz.

Kibirli İnsanlar Kendilerine İnanır

Nebukadnessar, Büyük Babil'in altın çağını başlattı. Yedi harikadan biri olan Asmalı Bahçe onun zamanında yapıldı. Tüm krallığın ve çalışmaların, kendisinin gücüyle yapılmış olmasından gururlanıyordu. Kendisinin bir heykelini yaptırdı ve insanları heykeline tapınmayı buyurdu. Daniel 4:30 ayeti şöyle der: "Kral, 'İşte onurum ve yüceliğim için üstün gücümle krallığımın başkenti olarak kurduğum büyük Babil!' dedi."

Sonunda Tanrı, dünyanın gerçek hâkiminin kim olduğunu bilmesini sağladı (Daniel 4:31-32). İnsanlar arasından kovuldu, yedi yıl yabanıl hayvanlarla yaşayıp öküz gibi otla beslendi. O vakit tahtının ne değeri vardı? Tanrı izin vermedikçe hiçbir şey kazanamayız. Nebukadnessar, yedi yıl sonra normale döndü. Kibrinin farkına vardı ve Tanrı'yı kabul etti. Daniel 4:37 ayeti şöyle der: "Ben Nebukadnessar Göklerin Kralı'na şükrederim. O'nu över, yüceltirim. Çünkü bütün yaptıkları gerçek, yolları doğrudur; kendini beğenmişleri alçaltmaya gücü yeter."

Sadece Nebukadnessar değil, ama dünyadaki bazı inançlı olmayan insanlar, "Kendime inanıyorum" derler. Fakat dünya, onların üstesinden gelmesi için kolay değildir. Dünyada insani yeteneklerle çözümlenmeyecek sorunlar vardır. Tayfunlar, depremler ve diğer beklenmedik felaketlerde dâhil olmak üzere doğal afetlerin yanında en son bilimsel bilgiler ve teknoloji faydasızdır.

Peki ya modern ilaçların bile iyileştiremediği onca hastalık? Fakat çeşitli sorunlarla karşılaşan insanların çoğu, Tanrı'dan ziyade kendilerine dayanırlar. Kendi düşüncelerine, deneyimlerine ve bilgilerine dayanırlar. Fakat başarılı olmayıp hala sorunlarla boğuştuklarında inanmamalarına rağmen Tanrı'ya homurdanırlar. Bunun nedeni, yüreklerine yerleşen kibirdir. Bu kibir yüzünden zaaflarını dile getirmez, alçakgönüllülükle Tanrı'nın varlığını kabul etmekte başarısız olurlar.

Daha acınası olan şey şudur ki, Tanrı'ya inancı olan bazı insanlar, Tanrı'dan ziyade dünyaya ve kendilerine dayanırlar. Tanrı, çocuklarının gönenç içinde olmasını ve Kendisinin yardımıyla yaşamasını ister. Fakat eğer kibrinizle Tanrı'nın huzurunda kendisiniz alçakgönüllü kılmaya istekli değilseniz, Tanrı size yardım etmez. O zaman düşman iblisten korunamaz ya da yolunuzda gönenç içinde olamazsınız. Tanrı'nın Özdeyişler 18:12 ayetinde, "Yürekteki gururu düşüş, Alçakgönüllülüğü ise onur izler" demiş olduğu gibi, başarısızlığınıza ve yıkıma neden olan şey, kibrinizden başkası değildir.

Tanrı, kibri akılsızlık sayar. Gökleri tahtı ve yeri ayak taburesi kılan Tanrı'yla kıyasla insanın varlığı ne ufaktır! Tüm insanlar, Tanrı'nın suretinde yaratılmışlardır ve ister yüksek isterse alçak konumlarda olalım hepimiz Tanrı'nın çocukları olarak eşitiz. Dünyada ne kadar çok şeyle böbürlenirsek böbürlenelim, bu dünyadaki yaşam sadece anlıktır. Bu kısa yaşam sona erdiğinde herkes Tanrı'nın huzurunda yargılanacaktır. Ve yeryüzünde gösterdiğimiz tevazuya göre göklerde yüceltileceğiz çünkü Yakup 4:10 ayetinde, "Rab'bin önünde kendinizi alçaltın, sizi yüceltecektir" yazdığı gibi, Rab bizi yüceltecektir.

Küçük bir su birikintisi içinde kalan su durgunlaşır, bozulur ve içini solucanlar doldurur. Fakat durmaksızın akan su sonunda denizlere ulaşır ve pek çok canlıya yaşam verir. Aynı şekilde kendimizi alçakgönüllü kılalım ki Tanrı'nın nazarında yücelelim.

Ruhani Sevginin Özellikleri I

1. Sevgi Sabırlıdır
2. Sevgi Şefkatlidir
3. Sevgi Kıskanmaz
4. Sevgi Övünmez
5. Sevgi Böbürlenmez

6. Sevgi Kaba Davranmaz

'Ahlak' ya da 'Görgü Kuralları', insanların birbirlerine olan tavır ve davranışlarıyla ilgili sosyal anlamda doğru hareket etme yöntemidir. Kültürel görgü kuralları, günlük sohbetlerimizden, yeme adabımızdan ya da tiyatrolar gibi kamuya açık yerlerdeki davranışlarımıza kadar çeşitli biçimlerdedir.

Uygun ahlak, yaşamlarımızın önemli bir parçasıdır. Her bir yere ve etkinliğe uygun toplumca kabul edilir davranışlar genellikle başkalarının beğenisini kazanır. Öte yandan uygun davranışlarda bulunmuyor ve temel görgü kurallarını görmezden geliyorsak, o zaman çevremizdeki insanların sıkıntı duymasına neden olabilir. Dahası, birini sevdiğimizi söylüyor, ama o kişiye kaba davranıyorsak, o kişinin onu gerçekten sevdiğimize inanması zorlaşır.

Merriam-Webster Online Sözlüğü, 'kabalığın' tanımını kişinin konumuna ya da yaşam koşullarına uygun olmayan şekilde davranması olarak yapar. Selamlaşma ve sohbetler gibi günlük yaşamlarımızda kültürel görgü kuralları çok çeşittedir. İlginçtir ki pek çok insan kaba davranmalarına rağmen kaba olduklarını fark etmezler. Özellikle yakınımızda olan insanlara kaba davranmamız kolaydır. Çünkü rahat hissettiğimiz insanlara kaba veya uygunsuz görgü kurallarıyla muamele etme eğiliminde oluruz.

Fakat gerçek sevgiye sahipsek asla kaba davranmayız. Oldukça değerli ve güzel bir mücevheriniz olduğunu farz edin. Ona dikkatsizce muamele eder miydiniz? Kırılmasın, zara görmesin ya da kaybolmasın diye tutarken çok dikkatli olurdunuz. Aynı şekilde birini gerçekten seviyorsanız, o kişiye özenli davranmaz mıydınız?

Kabalığın iki çeşidi vardır: Tanrı'nın huzurunda kabalık ve insana karşı kabalık.

Tanrı'ya Karşı Kabalık

Tanrı'ya inananların ve O'nu sevdiklerini söyleyenlerin bile eylemlerini gördüğümüzde ve sözlerini işittiğimizde pek çoğu Tanrı'dan çok uzaktır. Örneğin ayinler esnasında uyuklamak, Tanrı'ya karşı temel kabalıklardan biridir.

Ayinler esnasında uyuklamak, Tanrı'nın bizzat huzurunda uyuklamakla birdir. Bir ülkenin cumhurbaşkanının ya da bir şirketin genel müdürünün önünde uyuklamak oldukça kaba bir davranıştır. Öyleyse Tanrı'nın huzurunda uyuklamamız ne kadar daha büyük bir kabalıktır. Tanrı'yı hala seviyor olduğunuzu söylemeye devam etmeniz şüphelidir. Veyahut sevdiğiniz bir kişiyle buluştuğunuzu ve o kişinin önünde sürekli uyukladığınızı farz edin. O zaman o kişiyi gerçekten sevdiğinizi nasıl söyleyebiliriz?

Ayrıca ayin esnasında yanınızda oturan biriyle sohbet etmeniz ya da hülyalara dalmanızda kabalıktır. Bu gibi davranışlar, ayine gelen kişinin Tanrı'dan korkmadığının ve Tanrı'ya sevgisinin olmadığının göstergesidir.

Bu tür davranışlar vaizleri de etkiler. Yanında oturan kişiyle sohbet eden ya da boş hayallere dalan veya uyuklayan bir inanlı olduğunu düşünün. Böyle bir durumda vaiz, vaazının yeterince lütufkâr olup olmadığını düşünebilir. Kutsal Ruh'un esinlemesini kaybedebilir ve bu yüzden Ruh'un doluluğuyla vaaz veremeyebilir. Tüm bu haller sonunda diğer ibadet edenlere de olumsuz yansıyacaktır.

Ayinin ortasında mabetten ayrılmakta aynıdır. Kuşkusuz ki ibadet hizmetlerine destek olmak için dışarı çıkmak zorunda olan gönüllüler vardır. Fakat özel durumlar hariç sadece ayin tamamen bittikten sonra ayrılmak doğru olandır. Bazı insanlar, "sadece vaazı dinleyebiliriz" diye düşünebilir ve ayin bitmeden ayrılabilirler ki bu da kabalıktır.

Günümüz ibadeti, Eski Ahit'teki yakmalık sunuya eş değerdir. Yakmalık sunu verirken kurbanları parçalara ayırmak ve sonra tüm parçalarını yakmak zorundaydılar (Levililer 1:9).

Günümüz açısında bu, baştan sonra kadar belli formalitelere ve usullere göre uygun ve bütün bir ibadet sunmak zorunda olduğumuz anlamına gelir. Sessiz duayla başlayıp şükran duasıyla ya da Rab'bin Duasıyla bitirene dek tüm yüreğimizle ayin esnasında nizamı izlemeliyiz. İlahiler okuduğumuzda ya da dua ettiğimizde ve hatta sunularla duyurular esnasında tüm yüreğimizi ortaya koymalıyız. Resmi kilise ayinlerinden başka her türlü dua, ilahi ve ibadet hizmetinde ya da hücre ibadetlerinde tüm yüreğimizi sunmalıyız.

Tüm yüreğimizle Tanrı'ya ibadet etmek için öncelikle ayine geç gitmemeliyiz. Diğer insanlarla olan randevularınıza geç kalmak uygun kaçmazken, Tanrı'nın huzurundaki randevunuza gecikmek çok daha kaba değil midir? Tanrı, her zaman tapınmamızı kabul etmek için bizleri ibadet yerinde bekler.

Bu yüzden ayin başlamadan hemen önce gelmemeliyiz. Daha önce gelmek, tövbeyle dua etmek ve ayine hazırlanmak doğru davranıştır. Bunun yanı sıra ayin esnasında cep telefonlarınızı kullanmanız, çocuklarınızın koşuşturmasına ve oyun oynamasına göz yummanız da kabalıktır. İbadet esnasında çiklet çiğnemek veya bir şeyler yemekte kabaca davranış kategorisinde yerini alır.

Ayine gelirken ki dış görünüşünüzde ayrıca önemlidir. Esasen ev giysilerinizle ya da işyerinizde giydiğiniz giysilerle kiliseye gelmeniz uygun değildir. Çünkü nasıl göründüğünüz, diğer kişiye gösterdiğiniz saygı ve hürmeti ifade etmenin bir yoludur. Tanrı'ya gerçekten inanan Tanrı çocukları, Tanrı'nın ne kadar değerli olduğunu bilirler. Dolayısıyla Tanrı'ya tapınmak için geldiklerinde sahip oldukları en temiz giysileri giyinirler.

Kuşkusuz ki istisnalar olabilir. Çarşamba ya da Cuma Gece Boyu ibadet hizmetlerine pek çok insan doğrudan işyerinden gelir. Zamanında ayine gelmek için acele ettiklerinden iş kıyafetleriyle gelebilirler. Böyle bir durumu Tanrı kabalık saymaz, ama işlerinde yoğun olmalarına rağmen zamanında ayine ulaşan yüreklerinin kokusunu almaktan sevinç duyar.

Tanrı, ayinler ve dualar yoluyla bizlerle sevgi dolu bir paydaşlık içinde olmayı ister. İşte bunlar, Tanrı'nın çocuklarının yapması gereken görevlerdir. Özellikle dua, Tanrı'yla sohbettir. Bazen başkaları dua ederken bir diğeri acil bir durum olduğundan onların dualarını kesmek için hafifçe vurabilir. Üstleriyle sohbet edenlerin sözleri de aynı şekilde kesilir. Ayrıca dua ederken biri size seslendi diye gözlerinizi açıp dua etmeyi kesmenizde kabaca bir davranıştır. Böyle bir durumda önce duayı sonlandırmalı ve sonra yanıt vermelisiniz.

Eğer ruhta ve gerçekte tapınıyorsak Tanrı, kutsama ve ödülleri bizlere geri bahşeder. Dualarımızı daha hızlı yanıtlar çünkü yüreklerimizin kokusunu memnuniyetle kabul eder. Fakat eğer kabaca davranışları bir, iki ya da bir kaç yıl boyunca biriktirirsek, Tanrı'yla aramızda günah duvarı oluşturur. Eşler, ebeveynlerle çocuklar arasında bile sevgisiz bir ilişki devam ederse pek çok sorun çıkar. Tanrı'yla da durum aynıdır. Kendimizle Tanrı arasına bir duvar örmüşsek hastalıklardan ya da kazalardan korunmaz ve çeşitli sorunlarla karşılaşabiliriz. Uzunca bir zaman dua etmemize rağmen dualarımıza yanıt alamayabiliriz. Ama eğer ayinler ve dua esnasında düzgün bir duruşumuz olursa pek çok sorunu çözebiliriz.

Kilise Tanrı'nın Kutsal Evidir

Kilise, Tanrı'nın olduğu yerdir. Mezmurlar 11:4 ayeti şöyle der: "RAB kutsal tapınağındadır, O'nun tahtı göklerdedir, Bütün insanları görür, Herkesi sınar."

Eski Ahit zamanlarında herkes kutsal yere giremezdi; sadece

kâhinler girebilirdi. Kutsal yer'in içindeki En Kutsal Yer'e ancak senede bir kez ve sadece başkahin girebilirdi. Ama bu gün Tanrı'nın lütufuyla herkes mabede girebilir ve Tanrı'ya tapınabilir. Çünkü İbraniler 10:19-20 ayetlerinde, "Bu nedenle, ey kardeşler, İsa'nın kanı sayesinde perdede, yani kendi bedeninde bize açtığı yeni ve diri yoldan kutsal yere girmeye cesaretimiz vardır" yazdığı gibi, İsa, kanıyla bizleri kurtarmıştır.

Mabet sadece ibadet ettiğimiz yer anlamına gelmez. Bahçesi ve tüm diğer tesisleriyle kiliseyi oluşturan tüm sınırlardır. Bu yüzden hangi kilisede olursak olalım, ufacık bir söz ve eylemimizde bile dikkatli olmalıyız. Öfkelenmemeli ve tartışmamalıyız. Dünyevi eğlenceler ya da iş hakkında konuşmamalıyız. Aynı şey kilisede mevcut olan kutsal şeyleri dikkatsizce kullanmamız, zarar vermemiz, kırmamız ve tüketmemiz içinde geçerlidir.

Özellikle kilise içinde bir şey alıp satmamız kabul edilemez. Günümüzde internetten alışverişin gelişimiyle bazı insanlar kiliseden almayı istedikleri şeyin ücretini internetten öder ve kiliseden alırlar. Bu kesinlikle ticari bir işlemdir. İsa'nın para bozanların masalarını devirdiğini ve kurbanlık hayvan satanları kovduğunu hatırlamalıyız. İsa, tapınakta kurbanlık hayvan satışını bile kabul etmemiştir. Bu yüzden şahsi ihtiyaçlarımız için hiçbir şeyin alışverişini kilisede yapmamalıyız. Aynısı kilise bahçesinde Pazar kurmak içinde geçerlidir.

Kilisedeki tüm yerler, Tanrı'ya ibadet ve Rab'de kardeşlerin paydaşlık içinde olması için ayrılmıştır. Kilisede dua ederken ve sıklıkla toplantılar yağarken, kilisenin kutsallığına karşı duyarsız olmamak için dikkatli olmalıyız. Eğer kiliseyi seviyorsak Mezmurlar 84:10 ayetinde, "Senin avlularında bir gün, Başka yerdeki bin günden iyidir; Kötülerin çadırında yaşamaktansa, Tanrım'ın evinin eşiğinde durmayı yeğlerim" yazdığı gibi, kilise içinde kabaca davranmayız.

İnsanlara Kaba Davranmak

İncil, kardeşini sevmeyenin Tanrı'yı sevmediğini söyler. Eğer görülür şekilde diğerlerine kaba davranıyorsak, görünmeyen Tanrı'ya nasıl azami ölçüde saygı gösterebiliriz?

"Tanrı'yı seviyorum deyip de kardeşinden nefret eden yalancıdır. Çünkü gördüğü kardeşini sevmeyen, görmediği Tanrı'yı sevemez" (1. Yuhanna 4:20).

Günlük yaşantılarımızda kolaylıkla fark edemediğimiz bazı yaygın kabalıklara bir göz gezdirelim. Genelde, başkalarının durumlarını düşünmeden kendi çıkarlarımızı gözetirsek, kabalığın pek çok eylemi işlenmiş olur. Örneğin telefonda konuştuğumuzda da tutmamız gereken görgü kuralları vardır. Oldukça meşgul olan birini akşam geç saatte ya da gece vakti aramamız ya da onu saatlerce telefonda tutmamız, o kişiye zarar verir. Randevulara gecikmek ya da beklenmedik bir şekilde birini ziyaret etmek veya haber vermeden gitmek de nezaketsizliğin örnekleridir.

Bir kişi, "Birbirimize çok yakınız ve aramızda bu şeyleri düşünmek resmiyete kaçmaz mı?" diye düşünebilir. Diğer kişiyle ilgili gerçekten tüm bu şeyleri anlayacak kadar iyi bir ilişkiniz olabilir. Ama yinede bir başka kişinin yüreğini %100 anlamak çok zordur. Bir diğerine dostluğumuzu ifade ettiğimizi düşünebiliriz, ama o, bunu farklı algılayabilir. Bu sebeple bir diğerinin bakış açısından düşünmeye çalışmalıyız. Yakınımız ise ve yanımızda rahat ise o kişiye karşı nezaketsizce davranmamak için dikkatli olmalıyız.

Çoğu zaman dikkatsizce ettiğimiz sözler ve yaptığımız eylemler yüzünden bize yakın olan insanların duygularını incitebilir ya da onları gücendirebiliriz. Aile fertlerine veya çok yakın arkadaşlara bu şekilde kabaca davranırız ve sonunda ilişki yıpranır ve çok kötü bir hal alır. Ayrıca bazı yaşlı insanlar, daha genç ya da daha alt konumda olanlara kaba davranır. Saygısızca konuşurlar ya da diğerlerini sıkıntıya sokacak şekilde emir verici olurlar.

Ancak günümüzde apaçık hizmet etmemiz gereken kişiler olan anne-babalara, öğretmenlere ya da yaşlılara bütün bir yürekle hizmet eden insanlar bulmak zordur. Bazıları şartların değiştiğini söyler ama asla değişmeyen bir şey vardır. Levililer 19:32 ayeti şöyle der: "Ak saçlı insanların önünde ayağa kalkacak, yaşlılara saygı göstereceksin. Tanrın'dan korkacaksın. RAB benim."

Tanrı'nın bizlerden istediği, insanlar arasında bütün görevimizi yapmamızdır. Tanrı'nın çocukları ayrıca kaba olmamak için bu dünyanın yasa ve düzenini de tutmalıdır. Örneğin halka açık bir yerde gürültüye sebep oluyor, sokaklara tükürüyor ya da trafik kurallarını ihlal ediyorsak, bu, pek çok kişiye karşı kabalık etmektir. Bizler dünyanın ışığı ve tuzu olması gereken Hristiyanlarız ve bu yüzden sözlerimize, eylemlerimize ve davranışlarımıza çok dikkat etmeliyiz.

Sevgi Yasası Nihai Ölçüttür

İnsanların çoğu zamanını, diğer insanlarla bir araya gelerek, onlarla konuşarak, yemek yiyerek ve çalışarak geçirir. Bu bakımdan günlük hayatımızda çeşitli kültürel görgü kuralları vardır. Fakat herkesin eğitim seviyesi farklıdır ve ülkelerle ırklar arasındaki kültürler farklılık gösterir. Bu durumda standart ahlaki kurallarımız ne olmalıdır?

İşte o, yüreklerimizdeki sevginin yasasıdır. Sevgi yasası, sevginin bizzat kendisi olan Tanrı'nın yasasıdır. Kısaca, Tanrı'nın sözünü yüreklerimize kazıdığımız ve uyguladığımız ölçüde Rab'bin davranışlarına sahip olur ve kabaca davranmayız. Tanrı'nın sevgi yasasının bir diğer anlamı da 'düşünceli' olmaktır.

Adamın biri gecenin karanlığında elinde bir lambayla yürüyordu. Karşı yoldan ise bir başka adam geliyordu ve elinde lambayla yürüyen adamın kör olduğunu fark etti. Göremediği halde neden lamba taşıdığını sorunca kör adam şöyle karşılık verdi: "Taşıyorum ki bana çarpmayasın. Bu lamba senin için." Bu hikâyeden düşünceli olmakla ilgili bir şeyler duyumsayabiliriz.

Oldukça önemsiz görünse de başkalarını düşünmenin,

insanların yüreklerini etkileyen büyük bir gücü vardır. Kaba davranışlar, başkalarını düşünmemekten ileri gelir ki bu da sevgi yoksunluğu olduğu anlamını taşır.

Tarımcılıkta meyvelerin arasından iyi gelişmemiş olanların çokça atılmasıyla iyi yetişmiş meyveler tüm besin öğelerini alır ve bu yüzden oldukça kalın kabukları olduğu gibi tatları da iyi olmaz. Eğer başkalarını düşünmezsek mevcut olan tüm şeylerin tadına bir süre vardığımızı düşünebiliriz, ama fazlasıyla besin öğelerine boğulmuş meyveler gibi tatsız ve kalın derili insanlar oluruz.

Bu yüzden Koloseliler 3:23 ayeti şöyle der: "her ne yaparsanız, insanlar için değil, Rab için yapar gibi candan yapın." Rab'be hizmet ettiğimiz gibi herkese azami ölçüde saygı göstermeliyiz.

7. Sevgi Kendi Çıkarını Aramaz

Bu modern dünyada bencilliği bulmak hiç de zor değildir. İnsanlar, halkın iyiliğini değil, kendi çıkarlarını gözetir. Bazı ülkelerde bebekler için hazırlanmış süt tozlarının içine zarar veren kimyasallar katılmıştır. Bazı insanlar, ülkeleri için çok önem arz eden teknolojiyi satarak ülkelerine büyük zarar verirler. "Benim bahçemde olamaz" sorunu yüzünden atık gömme ya da halka açık krematoryum gibi tesisler inşa etmesi hükümetler için güçleşir. İnsanlar başkalarının iyiliğini değil, ama sadece kendi rahatlarıyla ilgilenirler. Bu vakalarda olduğu gibi ciddi olmasa da günlük yaşamlarımızda da birçok bencilce eylem bulabiliriz.

Mesela birkaç meslektaş ya da arkadaş birlikte yemek yemeye giderler. Ne yiyeceklerine karar vermeleri gerekmektedir ama aralarından bir tanesi kendi istediğinde ısrar eder. Bir diğeri, bu kişinin istediğini istemektedir ama içten huzurlu olmadığından öncelikle diğerinin fikrini sormayı istemektedir. Fakat diğerlerinin seçtiği yemeği sevsin ya da sevmesin, daima hoşnutlukla yemeğini yer. Bu kategorilerin hangisine aitsiniz?

Bir grup insan, bir etkinlik hazırlamak için bir araya gelirler. Hepsinin çeşitli fikirleri vardır. Bir tanesi, diğerleri kendisiyle hem fikir olana kadar onları ikna etmeye çalışır. Bir diğeri kendi fikri üzerinde ısrar etmez ama bir başkasının fikrini beğenmediğinde gönülsüzlük göstermesine rağmen kabul eder.

Yine bir diğeri, fikirlerini sunanları dinler. Ve onların fikirleri kendisininkinden farklı olsa da izlemeye çalışır. Bu farklılıklar, bir insanın yüreğinde mevcut sevgi miktarındaki farklılıktan gelir.

Kavga ya da tartışmalara yol açan fikir ayrılıkları olmasının nedeni, insanların kendi çıkarlarını gözetmesi, sadece kendi fikirlerinde ısrar etmesidir. Eğer evli bir çift sürekli kendi fikirleri üzerinde ısrar ediyorsa, hiç durmadan çatışma halinde olur ve birbirlerini anlayamazlar. Birbirlerine karşı koymaz ve birbirlerini anlarlarsa huzura erebilirler, ama sürekli olarak kendi fikirlerinde ısrarcı olduklarından huzur sıklıkla bozulur.

Eğer bir insanı seviyorsak, o kişiyle kendimizden daha fazla ilgileniriz. Ebeveynlerin sevgisini ele alalım. Ebeveynlerin çoğu, kendilerinden daha fazla çocuklarını düşünürler. Bu yüzden anneler, "Siz güzelsiniz" sözünden ziyade, "Kızınız çok güzel" sözünü duymayı tercih ederler.

Lezzetli bir yemeği kendileri yemekten ziyade, çocukları yediğinde daha mutlu hissederler. Güzel giysileri kendileri giymekten ziyade, çocukları iyi giysileri giydiğinde daha mutlu hissederler. Ayrıca çocuklarının kendilerinden daha zeki olmalarını isterler. Onların başkalarınca kabul görülmelerini ve sevilmelerini isterler. Eğer komşularımıza ve diğer herkese bu çeşit bir sevgi verirsek, Baba Tanrı bizden ne hoşnut olacaktır!

İbrahim Sevgiyle Başkalarının Çıkarını Gözetti

Başkalarının çıkarlarını kendimizin çıkarlarının önüne koymak, fedakâr sevgiden gelir. İbrahim, kendi çıkarından önce başka insanların çıkarını gözeten bir kişiye en iyi örnektir.

İbrahim, ülkesini terk ettiğinde yeğeni Lut'ta onunla birlikte gitti. Ayrıca İbrahim sayesinde büyük kutsamalar edindi ve İbrahim'le kendisinin hayvanlarına yeterince suyun kalamayacağı kadar çok hayvanı vardı. Bazen her ikisinin çobanları aralarında tartışıyordu.

İbrahim, huzurun bozulmasını istemedi ve Lut'a istediği toprağı önce seçebilme hakkını tanıdı. Kendisi ise diğerine yerleşecekti. Sürülerin bakımındaki en önemli şey ot ve sudur. Kaldıkları yerde tüm hayvanlara yetecek kadar ot ve su yoktu. Dolayısıyla en iyi toprağı seçme hakkını bir başkasına teslim etmek, bir bakıma hayatta kalmak için gerekli olandan vazgeçmekti.

İbrahim, Lut'u çok sevdiği için böylesine iyiliğini düşünebildi. Fakat Lut esasen İbrahim'in sevgisini anlamadı. Toprağın iyisi olan Şeria Ovası'nı seçti ve ayrıldı. Hiç tereddüt etmeden kendisi için iyi olan toprağı hemen seçen Lut yüzünden İbrahim kötü hissetti mi? Hiç de değil! Yeğenin iyi toprakları almasından mutluydu.

Tanrı, İbrahim'in bu iyi yüreğini gördü ve gittiği her yerde onu daha da fazla kutsadı. Öylesine zengin bir adam oldu ki bölgenin kralları bile ona saygı duydu. Burada verilen örnekte olduğu gibi, eğer kendimizin değil ama önce başkalarının iyiliğini düşünürsek kesinlikle Tanrı tarafından kutsanacağız.

Kendimize ait bir şeyi sevdiklerimize vermemizin sevinci her şeyden büyük olur. Bu öylesine bir sevinçtir ki ancak sevdiklerine oldukça değerli bir şey veren insanlar anlayabilir. İsa, böyle bir sevincin tadına varmıştı. Bu yüce mutluluğa yetkin sevgiyi yetiştirdiğimizde sahip olabiliriz. Nefret ettiklerimize vermek zordur, ama sevdiklerimize vermek hiç de zor gelmez. Vermekten mutluluk duyarız.

Yüce Mutluluğun Tadına Varmak

Yetkin sevgi, yüce mutluluğun tadını çıkarmamızı sağlar. Ve İsa gibi yetkin sevgiye sahip olmak için, kendimizden önce başkalarını düşünmeliyiz. Kendimizden ziyade komşularımız, Tanrı, Rab ve kilise önce gelmelidir ve eğer bunu yaparsak Tanrı bizi ihmal etmez. Başkalarının çıkarlarını gözettiğimiz zaman bize daha iyi bir şey verir. Göklerde ise göksel ödüllerimiz birikir. İşte bu yüzden Elçilerin İşleri 20:35 ayetinde Tanrı şöyle der: "Vermek, almaktan daha büyük mutluluktur"

Burada bir konuda net olmalıyız. Fiziki kuvvetimizin sınırlarının ötesinde Tanrı'nın egemenliği için sadakatle çalışarak sağlığımızı bozmamalıyız. Sınırlarımızın ötesinde sadık olmaya çalışan yüreğimizi Tanrı kabul eder. Ama fiziksel bedenimizin dinlenmeye ihtiyacı vardır. Ayrıca salt kilise için çalışarak değil, ama dua ederek, oruç tutarak ve Tanrı'nın Sözünü öğrenerek canımızın gönenç içinde olmasına dikkat etmeliyiz.

Bazı insanlar, dini ya da kilise etkinliklerinde çok fazla vakit geçirdikleri için aile fertlerine ya da başkalarına zarar verirler. Mesela bazıları oruç tuttuğu için işyerindeki görevlerini doğru düzgün yerine getiremezler. Kimi öğrenciler, Pazar günü okul

etkinliklerine katılmak uğruna derslerini ihmal edebilirler.
Yukarıdaki vakalardaki şahıslar çok çalıştıkları için kendi çıkarlarını gözetmiyor olduklarını düşünebilirler. Fakat esasen bu doğru değildir. Rab için çalışıyor oldukları gerçeğine rağmen Tanrı'nın bütün evinde sadık değillerdir ve bu yüzden Tanrı'nın çocukları olarak tüm görevlerini yerine getirmedikleri anlamını taşır. Neticede sadece kendi çıkarlarını gözetmişlerdir.

Öyleyse her şeyde kendi çıkarımızı gözetmekten kaçınmak için ne yapmalıyız? Kutsal Ruh'a güvenmeliyiz. Tanrı'nın yüreği olan Kutsal Ruh bizleri gerçeğe yönlendirir. Elçi Pavlus'un, "Sonuç olarak, ne yer ne içerseniz, ne yaparsanız, her şeyi Tanrı'nın yüceliği için yapın" (1. Korintliler 10:31) demiş olduğu gibi, her şeyi Kutsal Ruh'un rehberliğinde yaparsak sadece Tanrı'nın görkemi için yaşayabiliriz.

Yukarıda yazılanı yapmak içinse kötülüğü yüreklerimizden söküp atmalıyız. Dahası, yüreğimizde gerçek sevgiyi yetiştirirsek iyiliğin bilgeliği üzerimize iner ki, her durumda Tanrı'nın istemini fark edebilelim. Yukarı da olduğu gibi eğer canımız gönenç içinde olursa bizim için her şey yolunda gider, sağlıklı oluruz ve böylece en azami ölçüde Tanrı'ya sadık olabiliriz. Ayrıca komşularımız ve aile üyelerimiz tarafından seviliriz.

Yeni evliler duamı almak için bana geldiklerinde önce birbirlerinin çıkarlarını gözetsinler diye her zaman dua ederim. Eğer kendilerinin çıkarlarını gözetirlerse huzurlu bir aileye sahip olamazlar.

Sevdiklerimizin ya da bizim için faydalı olanların çıkarlarını gözetebiliriz. Peki, ama ya bize her meselede zorluk çıkaran ve her zaman kendi çıkarları ardından gidenler? Ya bize zarar veren ve sıkıntı çekmemize neden olanlar ya da bize hiçbir yararı olmayanlar? Gerçeğe göre davranmayan ve her daim kötü sözler söyleyenlere karşı nasıl davranırız?

Bu durumlarda onlardan sadece kaçınmamız ya da onlar için fedakârlık yapmaya istekli olmamamız, hala kendi çıkarımızı gözettiğimiz anlamını taşır. Bizden farklı düşünen bu insanlar için bile kendimizi feda edebilmeli ve yol vermeliyiz. Ancak o zaman ruhani sevgi verebilen kişiler sayılabiliriz.

8. Sevgi Kolay Kolay Öfkelenmez

Sevgi, insanların yüreklerini pozitif kılar. Öte yandan öfke, bir kimsenin yüreğini negatif yapar. Öfke, yüreğe zarar verir ve karartır. Dolayısıyla öfkeleniyorsanız Tanrı'nın sevgisinde yaşayamazsınız. Düşman iblisle Şeytan'ın Tanrı'nın çocuklarına kurduğu en büyük tuzak nefretle öfkedir.

Öfkelenmek salt kızgınlık, bağırma, küfretme ve şiddet gösterilerinde bulunmak değildir. Eğer yüzünüzün hali bozuluyor, rengi değişiyor ve konuşma şekliniz asabileşiyorsa, bunların hepsi öfkenin parçalarıdır. Büyüklüğü vakadan vakaya farklı olsa da yinede nefretin ve yürekteki kötü hislerin dışa vurumudur. Fakat yinede bir kişinin dış görünüşüne bakarak o kişinin öfkeli olduğunu düşünüp yargılamamalı ve suçlamamalıyız. Bir kişinin bir başkasının yüreğini tam olarak anlaması kolay değildir.

İsa bir keresinde tapınakta satış yapanları kovalamıştı. Fısıh bayramı için Yeruşalim Tapınağı'na gelenlerin paralarını bozan ve onlara kurbanlık hayvan satan tüccarlar masa kurmuşlardı. İsa oldukça uysal bir insandı. Çekişip bağırmıyor, sokaklarda kimse O'nun sesini duymuyordu. Fakat bu manzara karşısında davranışı her zamankinden çok farklı oldu.

İpten bir kamçı yaparak hepsini koyunlar ve sığırlarla birlikte kovdu. Para bozanların masalarını, güvercin satanların sehpalarını devirdi. Bu İsa'yı görenler, O'nun öfkeye kapılmış olduğunu düşünmüş olabilirler. Fakat nefret ya da kötü hisler sebebiyle öfkeli değildi. Haklı olarak içerlemişti ve bu haklı içerlemesiyle Tanrı'nın Tapınağı'nın kirletilmesine müsamaha edilemeyeceğini hepimizin bilmesini sağladı. Bu tarz haklı bir içerleme, adaletiyle sevgiyi mükemmel kılan Tanrı'nın sevgisinden gelir.

Haklı İçerlemeyle Öfke Arasındaki Fark

Markos bölüm 3, İsa'nın bir Şabat sabahı eli sakat bir adamı havrada iyileştirmesinden bahseder. Bazıları İsa'yı suçlamak amacıyla, Şabat Günü hastayı iyileştirecek mi diye O'nu gözlüyorlardı. İsa, o vakit insanların yüreklerinden geçeni bildiğinden şu soruyu yöneltti: "Kutsal Yasa'ya göre Şabat Günü iyilik yapmak mı doğru, kötülük yapmak mı? Can kurtarmak mı doğru, can almak mı?" (Markos 3:4)

Oradakilerin niyetleri su yüzüne çıktı ve İsa'ya söyleyecek bir söz bulamadılar. İsa'nın öfkesi, onların yüreklerinin duygusuzluğunaydı.

İsa, çevresindekilere öfkeyle baktı. Yüreklerinin duygusuzluğu O'nu kederlendirmişti. Adama, "Elini uzat!" dedi. Adam elini uzattı, eli yine sapasağlam oluverdi (Markos 3:5).

Kötü insanlar, sadece iyi şeyler yapmakta olan İsa'yı suçlamaya ve O'nu öldürmeye çalışıyorlardı. Bu sebeple bazı zamanlar İsa, onlara karşı güçlü ifadeler kullandı. Bunun nedeni farkına varmalarını ve yıkım yolundan dönmelerini sağlamaktı. İsa'nın haklı içerlemesinin kaynağı sevgisiydi. Bu, bazen insanların uyandırmış ve onlara yaşama yönlendirmişti. İşte bu sebeple haklı içerlemeyle öfke birbirlerinden tamamıyla farklıdır. Ancak biri kutsallaştığında ve hiçbir suretle günahı olmadığında azarları ve paylamaları insanlara yaşam verir. Fakat yüreğin kutsallaşması olmadan bir kişi böyle bir meyve vermez.

İnsanların öfkelenmesinin birkaç nedeni vardır. Öncelikle fikirleri ve dilekleri birbirlerinden farklıdır. Herkesin aile geçmişi ve eğitimi farklıdır. Bu yüzden yürekleri, düşünceleri ve yargılama ölçütlerinin hepsi birbirlerinden farklıdır. Fakat başkalarını kendi fikirlerine uymaya zorlarlar ve bunu yaparken hisleri zalimleşir.

Eşi sevmezken kocanın yemeği tuzlu sevdiğini farz edin. Eşi, "Çok fazla tuz sağlığın için iyi değil ve olabildiğince az tüketmelisin" diyebilir. Eşinin sağlığı için öğütte bulunur. Fakat kocası istemiyorsa ısrar etmemelidir. İkisi de birbirlerini anlayabilecekleri bir orta yol bulmalıdır. Birlikte denerlerse mutlu bir aile yaratabilirler.

İkinci olarak ise bir kişi, diğerleri kendini dinlemediğinde öfkelenebilir. Eğer yaşça büyük veya konumca yüksekse, diğerlerinin kendisine itaat etmesini ister. Kuşkusuz ki büyüklere ve hiyerarşik düzen içinde öncü konumda olanlara saygı duymak doğru bir iştir, ama bu konumda olan insanlarında konumca aşağıda olanları kendilerine itaat etmeye zorlaması doğru değildir.

Düzen içinde yüksek konumda olanların astları hiçbir suretle dinlemediği ve sadece onların sözlerine koşulsuzca itaat etmelerini istediği durumlar vardır. Diğer durumlarda ise insanlar kayıpla karşılaştıkları ya da haksız muameleye tabi oldukları zaman öfkelenirler. Bunların yanı sıra bir kişi, nedensiz yere bir kendisine kızdığında, işler kendisinin istediği ve talimat ettiği gibi olmadığında ya da insanlar kendisine küfür edip hakaret ettiğinde öfkelenebilir.

Öfkelenmeden önce insanların yüreklerine kötü duygular çoktan yerleşmiştir. Diğer insanların sözleri ya da eylemleri, onların bu duygularını uyarır. Sonunda uyarılan duygular öfke halinde dışa vurur. Genelde kötü hisler beslemek, öfkelenmenin ilk adımıdır. Öfkeleniyorsak Tanrı'nın sevgisinde yaşayamayız ve ruhani gelişimimiz ciddi şekilde aksar.

Kötü hisler beslediğimiz sürece gerçekle kendimizi değiştiremeyiz. Tahrikten uzak durmalı ve öfkenin kendisini söküp atmalıyız. 1. Korintliler 3:16 ayeti şöyle der: "Tanrı'nın tapınağı olduğunuzu, Tanrı'nın Ruhu'nun sizde yaşadığını bilmiyor musunuz?"

Kutsal Ruh'un yüreklerimizi tapınak kıldığını ve Tanrı'nın her zaman bizi gözlediğini fark edelim ki bazı fikirler bizimle uyuşmuyor diye tahrike kapılmayalım.

İnsanın Öfkesi Tanrı'nın İstediği Doğruluğu Sağlamaz

Elişa, İlyas'ın ruhundan iki pay aldı ve Tanrı'nın gücünün daha fazla işlerini ortaya koydu. Çocuğu olmayan bir kadını çocuk sahibi olmakla kutsadı, ölüyü diriltti, cüzamlıları iyileştirdi ve düşman ordusunu yenilgiye uğrattı. İçilemez suyun içine tuz katarak içilebilir suya dönüştürdü. Buna rağmen Tanrı'nın büyük peygamberleri arasında yaygın olmayan bir şekilde hastalıktan öldü.

Nedeni ne olabilir? Beytel'e giderken kentin küçük çocukları yola döküldüler ve kafasında fazla saç ve hoş görünüşlü olmadığı için onunla alay ettiler: "Defol, defol, kel kafalı!" (2. Krallar 2:23)

Sadece bir iki tane değil ama birçok çocuk peşinden geliyor, onunla alay ediyorlardı. Elişa utanmıştı. Onlara öğüt verdi, azarladı ama çocuklar dinlemediler. Peygambere zorluk çıkarma konusunda oldukça inatçıydılar ve Elişa için dayanılmazdı.

Ülkenin bölünmesinden sonra Beytel, Kuzey İsrail'de putperestliğin yuvası olmuştu. O bölgenin çocuklarının, putperestliğin olduğu çevrede yaşamaları yüzünden yürekleri nasırlaşmıştı. Yolu kesmiş, Elişa'ya tükürmüş ve hatta onu taşlamış bile olabilirlerdi. Sonunda Elişa onları lanetledi. Bunun üzerine ormandan çıkan iki dişi ayı çocuklardan kırk ikisini parçaladı.

Hiç kuşkusuz, Tanrı'nın bir adamıyla alay ederek buna davetiye çıkaran kendileriydi, ama bu hadise, Elişa'nın da kin gibi duygulara sahip olduğunu kanıtlar. Hastalıktan ölmesi gerçeğiyle bağıntısız değildir. Tanrı'nın çocuklarının tahrike kapılmasının doğru olmadığını görebiliriz "Çünkü insanın öfkesi Tanrı'nın istediği doğruluğu sağlamaz" (Yakup 1:20).

Tahrike Kapılmamak

Öfkelenmemek için ne yapmalıyız? Özdenetimle onu bastırmalı mıyız? İyice sıktığımız bir yay, ellerimizi çektiğimiz anda büyük bir güçle fırlar. Öfke içinde durum aynıdır. Eğer onu bastırırsak o an için bir çatışmadan kaçınabiliriz, ama eninde sonunda patlar. Bu yüzden tahrike kapılmamak için öfke duygusunun kendisinden kurtulmalıyız. Onu salt bastırmamalı ama öfkemizi iyiliğe dönüştürmeli ve sevmeliyiz. Bunu yaparsak hiçbir şeyi bastırmak zorunda kalmayız.

Kuşkusuz ki kötü duyguları bir gecede söküp atamaz ve onların yerine iyilikle sevgiyi koyamayız. Sürekli her gün çabalamalıyız. İlk başlarda tahrik edici bir durumla karşılaştığımızda durumu Tanrı'ya bırakmalı ve sabırlı olmalıyız. Amerika Birleşik Devletleri'nin üçüncü başkanı olan Thomas Jefferson'la ilgili bir çalışmada onun şu sözleri yazılmıştır: "Öfkelendiğinizde konuşmadan evvel ona kadar sayın. Çok öfkelendiğinizde ise yüze kadar sayın." Bir Kore deyişi şöyle der: "Üç katı sabır cinayeti önler."

Öfkelendiğimizde geri durmalı ve öfkelenmemenin bize getireceği faydaları düşünmeliyiz. O zaman pişman olacağımız ya da utanacağımız bir şey yapmayız. Dualarla ve Kutsal Ruh'un yardımıyla sabırlı olmaya çalıştıkça bizzat öfkenin kötü duygularını kısa zamanda söküp atacağız. Öncesinde on kez öfkeleniyorsak, bu sayı dokuza, sonra sekize doğru azalır. Ve daha sonra tahrik edici durumlarda sadece esenlik içinde oluruz. Bizler için ne mutluluk verici!

Özdeyişler 12:16 ayeti şöyle der: "Ahmak sinirlendiğini hemen belli eder, Ama ihtiyatlı olan aşağılanmaya aldırmaz." Mezmurlar 19:11 ayeti ise şöyle der: "Sağduyulu kişi sabırlıdır, Kusurları hoş görmesi ona onur kazandırır."

'Öfke', 'Tehlikeden' önceki bir adımdır. Öfkelenmenin ne kadar tehlikeli olabileceğini kavrayabiliriz. Nihai zafer katlananın olacaktır. Bazı insanlar, kendilerini kolayca öfkelendiren durumlar karşısında kilisede özdenetimi elden bırakmazlar, ama evlerinde, okullarında ya da işyerlerinde kolayca öfkelenebilirler. Tanrı sadece kilisede değildir.

Oturmamızı-kalkmamızı, söylediğimiz her bir sözü ve her düşündüğümüzü bilir. Bizi her yerde izler ve Kutsal Ruh yüreğimizde yaşar. Bu yüzden her daim Tanrı'nın huzurunda duruyormuşuz gibi bir yaşam sürmeliyiz.

Evli bir çift tartışıyordu ve öfkeli koca eşine ağzını kapaması için bağırdı. Kadın öylesine bir şoka uğradı ki ölene dek bir daha konuşmak için ağzını açmadı. Eşi ve eşine öfkesi kusan koca bunun çok sıkıntısını çektiler. Tahrike kapılmak insanların sıkıntı çekmesini sağlar. Her türlü kötü duyguyu söküp atmanın mücadelesini vermeliyiz.

9. Sevgi Kötülüğün Hesabını Tutmaz

Pederlik vazifemi yerine getirirken çeşitli insanlarla karşılaştım. Bazı insanlar salt Tanrı'yı düşünerek O'nun sevgisini duyumsayıp gözyaşı dökerken, diğerleri ise O'na inanması ve O'nu sevmesine rağmen yüreklerinde Tanrı'nın sevgisini derinden hissedemediklerinden sıkıntı içindeydiler.

Tanrı'nın sevgisini duyumsamamız, günahı ve kötülüğü atabildiğimiz orana bağlıdır. Tanrı'nın sözüne göre yaşadığımız ve yüreklerimizden günahı söküp attığımız ölçüde, imanımızın gelişiminde duraksama olmadan yüreklerimizde Tanrı'nın sevgisini derinden hissedebiliriz. İmandaki ilerleyişimizde bazen zorluklarla karşılaşabiliriz, ama o vakit her daim bizleri beklemekte olan Tanrı'nın sevgisini hatırlamalıyız. O'nun sevgisini hatırladığımız sürece kötülüğün hesabını tutmayız.

Kötülüğün Hesabını Tutmak

Yaşamın Gizli Bağımlılıklarını İyileştirme adlı kitabında, Fuller İlahiyat Fakültesinde Psikoloji Ana Bilim Dalı dekanı olan Dr. Archibald D. Hart, Amerika'daki dört gençten birinin ciddi depresyonda olduğunu ve bu depresyonla birlikte uyuşturucu, seks, internet, alkol ve sigaranın, genç insanların hayatını mahvettiğini söylemiştir.

Bir bağımlı düşüncesini, hissetmesini ve davranışlarını değiştiren maddeyi bıraktığında başarılı çıkma becerisi bir yana elinde çok az şey kalır. Bağımlı, kaçmak için beyin kimyasını değiştiren başka bağımlılık yaratan davranışlara dönebilir. Bu bağımlılıklar seksi, sevgiyi ve ilişkileri kapsayabilir. Hiçbir şeyden gerçek bir doyuma ulaşamazlar. Ne Tanrı'yla olan ilişkiden gelen lütufu ne de sevinci duyumsayabilirler ve bu sebeple Dr. Hart'a göre ciddi hastadırlar. Bağımlılık, Tanrı'nın bahşettiği lütuf ve sevinçten başka şeylerden doyuma ulaşma teşebbüsüdür ve Tanrı'yı görmezden gelmenin bir sonucudur. Bir bağımlı sürekli kötülüğün hesabını tutar.

Bundan kasıt nedir? Bu, Tanrı'nın isteğine uygun olmayan her türlü kötülüktür. Kötü düşünmek genel olarak üç çeşide ayrılır.

İlki başkalarının kötü olmasını isteyen düşüncenizdir.

Örneğin biriyle tartıştığınızı varsayalım. O zaman o kişiden öylesine nefret edersiniz ki, "Umarım ayağa takılır ve düşer" diye düşünürsünüz. Mesela bir komşunuzla iyi bir ilişkiniz olmadığını ve o komşunun başına kötü bir şey geldiğini düşünelim. O zaman "İyi Olmuş!" ya da "Bunun olacağını biliyordum" gibi düşünürsünüz. Öğrenciler arasında da belli bir öğrenci, bir diğerinin sınavlarda kötü not almasını isteyebilir.

Eğer içinizde gerçek bir sevgi varsa asla kötü şeyler düşünmezsiniz. Sevdiklerinizin hasta olmasını ya da kaza yapmasını ister miydiniz? Sevgili eşinizin her zaman sağlıklı ve kazalardan uzak olmasını istersiniz. Yüreklerimizde sevgi olmadığından başkalarının başına kötü bir şey gelmesini ister ve onların mutsuzluğuna seviniriz.

Ayrıca sevmediğimiz insanların zaaflarını ya da zayıf noktalarını bilmeyi ve diğerlerine duyurmayı isteriz. Bir toplantıya gittiğinizi ve orada bulunan bir kişinin bir başkası hakkında kötü konuştuğunu farz edin. Eğer böyle bir sohbetten hoşlanıyorsanız, yüreğinizi gözden geçirmelisiniz. Anne ve babanızı karalayan birini de dinlemeyi ister miydiniz? Onlara hemen kesmelerini söylerdiniz.

Elbette ki yardım etmeyi istediğiniz için başkalarının koşullarını bilmeyi istediğiniz zamanlar ve durumlar vardır. Fakat hal böyle değilse ve yine de başkalarıyla ilgili kötü şeyleri duymayı istiyorsanız, bunun nedeni diğer insanları karalama ve onların dedikodusunu yapma arzunuzdur. "Sevgi isteyen kişi suçları bağışlar, Olayı diline dolayansa can dostları ayırır" (Özdeyişler 17:9).

İyi olup yürekleri sevgiyle dolu olanlar, başkalarının kusurlarını örtmeye çalışır. Ayrıca ruhani sevgimiz varsa diğerlerinin bizden daha iyi durumda olmasını kıskanmayız. Onların sadece iyi olmasını ve başkalarınca sevilmesini isteriz. Romalılar 12:14 ayeti ayrıca şöyle der: "Size zulmedenler için iyilik dileyin. İyilik dileyin, lanet etmeyin."

Kötü düşüncelerin ikincisi başkalarını yargılayan ve suçlayan düşüncelerdir.

Örneğin inanlıların gitmemesi gereken bir yere bir inanlının gittiğini farz edin. O zaman nasıl düşünürdünüz? "Bunu nasıl yapabilir?" diye düşünerek sahip olduğunuz kötülüğün ölçüsünde o kişi hakkında olumsuz düşünürdünüz. Fakat eğer iyiyseniz, "Böyle bir yere niçin gidiyor?" diye merak eder, ama sonra düşüncelerinizi değiştirerek gitmesinin bir nedeni olduğunu düşünürdünüz.

Ama eğer yüreğinizde ruhani sevgi yoksa en baştan hiçbir kötü düşünceye sahip olmazsınız. İyi olmayan bir şeyi duysanız bile gerçekleri iki kez gözden geçirmeden o kişiyi yargılamaz ya da suçlamazsınız. Pek çok vakada çocuklarıyla ilgili kötü şeyler duyan ebeveynler nasıl tepki gösterir? Kolayca kabullenmez ama aksine çocuklarının böyle bir şey yapmayacağında ısrarcı olurlar. Kendilerine bu şeyleri söyleyen kişinin kötü olduğunu söylerler. Aynı şekilde gerçekten birini seviyorsanız, onu en iyi şekilde düşünmeye çalışırsınız.

Fakat günümüzde kolayca başkaları için kötü düşünen ve onlar hakkında kötü şeyler söyleyen insanlara rastlarız. Sadece kişisel ilişkilerde olmaz, ama kamusal alanda konumları olan insanları da eleştirirler.

Gerçekten ne olduğuna dair tam resmi görmeye bile çalışmaz ve asılsız söylentiler yayarlar. İnternetteki sert cevaplar yüzünden bazı insanlar intihara bile eder. İnsanları Tanrı'nın sözüyle değil ama kendi ölçütleriyle yargılar ve suçlarlar. Tanrı'nın istemini nedir?

Yakup 4:12 ayeti bizi şöyle uyarır: "Oysa tek Yasa koyucu, tek Yargıç vardır; kurtarmaya da mahvetmeye de gücü yeten O'dur. Ya komşusunu yargılayan sen, kim oluyorsun?"

Ancak sadece Tanrı yargılayabilir. Kısaca, Tanrı, komşularımızı yargılamamızın kötülük olduğunu bize söyler. Birinin açıkça bir hata yaptığını farz edin. Böyle bir durumda ruhani sevgisi olanlar için o kişinin yaptığı şeyin doğru mu ya da yanlış mı olmasının bir önemi yoktur. Onlar sadece bu insan için gerçekten neyin faydalı olduğunu düşünürler. O kişinin canının gönenç içinde olmasını ve

Tanrı tarafından sevilmesini isterler.

Dahası, yetkin sevgi sadece suçların üzerini örtmez, ama ayrıca kişinin tövbe edebilmesine de yardım eder. Ayrıca gerçeği öğretebilmeli ve o kişinin yüreğine dokunabilmeliyiz ki doğru yolda gidebilsin ve kendini değiştirebilsin. Eğer yetkin ruhani sevgiye sahipsek, ona iyilikle bakmaya çalışmak zorunda kalmayız. Doğal olarak pek çok kabahati bulunan bir kişiyi bile sevebiliriz. O kişiye sadece güvenmeyi ve yardım etmeyi isteriz. Eğer başkalarını yargılama ya da suçlama düşüncesi içinde değilsek, tanıştığımız herkesle mutlu oluruz.

Üçüncü yanı ise Tanrı'nın isteğiyle mutabık olmayan tüm düşüncelerdir.

Sadece başkalarıyla ilgili kötü düşüncelere sahip olmak değil, ama Tanrı'nın isteğiyle mutabık olmayan her türlü düşünce kötüdür. Yeryüzünde ahlaki kurallara ve vicdanlarına göre yaşayanların iyilik içinde bir hayat sürdürdükleri söylenir.

Fakat ne ahlaki kurallar ne de vicdan iyiliğin mutlak ölçütleri olabilir. Her ikisinin de tamamen Tanrı'ya zıt veya karşısında olan birçok şeyi vardır. Ancak Tanrı'nın sözü, iyiliğin mutlak bir ölçütü olabilir.

Rab'be iman edenler, günahkâr olduklarını kabul ederler. İnsanlar, iyi ve ahlaki yaşamlar sürdürdükleri gerçeğiyle kendileriyle gurur duyabilirler, ama Tanrı'nın sözüne göre yinede kötüdürler ve hala günahkârdırlar. Çünkü Tanrı'nın sözüne uymayan her şey kötü ve günahtır. Ve Tanrı'nın sözü iyiliğin mutlak ölçütüdür (1. Yuhanna 3:4).

Öyleyse günahla kötülük arasındaki fark nedir? Daha geniş açıdan günah ve kötülük, Tanrı'nın sözü olan gerçeğe karşı olan gerçeğe ait olmayan şeylerdir. Işık olan Tanrı'nın karşısında olan karanlıktırlar. Fakat daha detaylıca bakarsak bunlar birbirlerinden oldukça farklıdır. Bu ikisini bir ağaçla mukayese edecek olursak, 'kötülük' toprağın altındaki kök gibidir ve görünmez. 'Günah' ise ağacın dalları, yaprakları ve meyveleri gibidir.

Kök olmadan bir ağacın dalları, yaprakları veya meyveleri olamaz. Benzer şekilde günah, kötülük sayesinde fark edilir. Kötülük, bir kişinin yüreğindeki doğadır. İyiliğe, sevgiye ve Tanrı'nın gerçeğine karşı olan doğadır. Bu kötülüğün belli bir biçimde ortaya çıkmasına günah denir.

İsa şöyle demiştir: "İyi insan yüreğindeki iyilik hazinesinden iyilik, kötü insan içindeki kötülük hazinesinden kötülük çıkarır. İnsanın ağzı, yüreğinden taşanı söyler" (Luka 6:45).

Bir kişinin, nefret ettiği bir kişiye inciten bir şey söylediğini farz edin. Bu, bir şekilde günah olan yürekteki 'nefret' ve 'kötülük' dışa vurulduğunda olur. Bir günah, buyruk olan Tanrı'nın Sözü adı verilen ölçüte göre fark edilir ve belirlenir.

Bir yasa olmadan hiç kimse hiç kimseyi cezalandıramaz çünkü ayırıcı ve yargılayıcı bir ölçüt yoktur. Aynı şekilde günah, Tanrı'nın Sözünün ölçüte karşı olmasıyla görülür. Günah, benliğin işleri ve şeyleri olarak sınıflandırılabilir. Benliğin şeyleri yürekte işlenir ve nefret, çekememezlik, kıskançlık, zinaya eğilim gibi düşüncelerdir. Benliğin işleri ise kavga, öfkeye kapılmaya ya da cinayet gibi eyleme dökülen günahlardır.

Farklı günahlar olarak sınıflandırılan bu dünyanın günah ya da suçlarına bir şekilde benzerlik gösterir. Örneğin suçun işlendiği şeye bağlı olarak bir günah ulusa, insanlara ya da bireylere karşı işlenebilir.

Fakat bir kişinin yüreğinde günah olsa da o kişinin günah işleyeceği kesin değildir. Eğer Tanrı'nın sözünü dinliyorsa ve özdenetime sahipse, yüreğinde biraz kötülük olsa bile günah işlemekten kaçınabilir. Bu durumda açıkça günah işlemediği için kutsallaşmayı çoktan başardığı düşüncesiyle hoşnut olabilir.

Ancak tamamıyla kutsallaşmak için yüreğimizin derinliklerinde olan doğamıza yerleşmiş kötülüğü söküp atmalıyız. Bir kişi, doğasındaki kötülüğü anne-babasından kalıtımsal yolla almıştır. Genelde sıradan değil, ama aşırı durumlar içinde su yüzüne çıkar.

Bir Kore deyişi şöyle der: "Üç gün aç kalan komşusunun çitlerinden atlar." Bu, "İhtiyaç hiçbir yasa gözetmez" demektir. Tamamıyla kutsallaşana dek gizli olan kötülük aşırı durumlarda gün yüzüne çıkabilir.

Oldukça küçük olsa da sinek pisliği yine de pistir. Günah olmasalar bile, yetkin Tanrı'nın nazarında yetkin olmayan her şey sonuçta kötülüktür. Bu yüzden 1.Selanikliler 5:22 ayeti şöyle der: "Her çeşit kötülükten kaçının."

Tanrı sevgidir. Temel olarak Tanrı'nın buyrukları 'sevgi' ile özetlenir. Kısaca sevmemek kötülüktür. Bu yüzden kötülüklerin hesabını tutup tutmadığımızı kontrol etmek için içimizde sevgiye ne kadar sahip olduğumuzu düşünebiliriz. Tanrı'yı ve diğer insanları sevdiğimiz ölçüde kötülüklerin hesabını tutmayız.

O'nun buyruğu Oğlu İsa Mesih'in adına inanmamız ve İsa'nın buyurduğu gibi birbirimizi sevmemizdir (1. Yuhanna 3:23).

Seven kişi komşusuna kötülük etmez. Bu nedenle sevmek Kutsal Yasa'yı yerine getirmektir (Romalılar 13:10).

Kötülüğün Hesabını Tutmamak

Kötülüğün hesabını tutmamak için her şeyden evvel kötü şeyleri ne görmeli ne de duymalıyız. Görüyor ve duyuyor olsak bile hatırlamamaya veya yeniden düşünmemeye çalışmalıyız. Hatırlamaya çalışmamalıyız. Kuşkusuz bazı zamanlar düşüncelerimizi kontrol edemeyebiliriz. Düşünmemeye çabaladıkça belli bir düşünce çok daha güçlü uyanabilir. Fakat dualarla hiçbir kötü düşünceye sahip olmama çabasını sürdürdükçe Kutsal Ruh bize yardım edecektir. Kötü şeyleri kasıtlı olarak görmemeli, duymamalı veya düşünmemeliyiz. Bunun yanı sıra bir süreliğine zihnimizde çakan düşünceleri bile söküp atmalıyız.

Hiçbir kötü işe de iştirak etmemeliyiz. 2. Yuhanna 1:10-11 ayetleri şöyle der: "Size gelip de bu öğretiyi getirmeyeni evinize almayın, ona selam bile vermeyin. Çünkü böyle birine selam veren, kötü işlerine ortak olur." Tanrı, kötülüğü kabullenmemizi değil, kötülükten kaçınmamızı bize öğütler.

İnsanlar, kötü doğalarını ebeveynlerinden alırlar. İnsanlar, bu dünyada yaşarken pek çok gerçeğe ait olmayan şeyle temas içinde olurlar. Bu günahkâr doğaya ve gerçeğe ait olmayan şeylere bağlı olarak, bir kişinin kişiliği ya da 'özbenliği' oluşur. Hristiyan yaşamı, Rab'be iman ettiğimiz andan itibaren bu günahkâr doğaları ve gerçeğe ait olmayan şeyleri söküp atmamızı öngörür. Bu günahkâr doğayı ve gerçeğe ait olmayan şeyleri söküp atmak için oldukça sabra ve çabaya ihtiyacımız vardır. Bu dünyada yaşadığımızdan gerçeğe nazaran gerçek olmayana daha aşinayız. Gerçek olmayanı kabullenmek ve söküp atmaktan ziyade onu içimize yerleştirmek nispeten daha kolaydır. Örneğin siyah bir mürekkeple beyaz bir elbiseyi lekelemek kolaydır ama o lekeyi çıkarmak ve tamamen yine beyaza döndürmek zordur.

Ayrıca oldukça küçük bir kötülük bir anda büyük bir kötülüğe dönüşebilir. Galatyalılar 5:9 ayetinde, "Azıcık maya bütün hamuru kabartır" dendiği gibi, küçük bir kötülük hızla pek çok insana yayılabilir. Bu yüzden küçücük bir kötülüğe bile dikkatli olmalıyız. Kötülük düşünmemek için hiç düşünmeden ondan nefret etmeliyiz. Tanrı şöyle buyurur: "RAB'bi sevenler, kötülükten tiksinin" (Mezmurlar 97:10). Ve bizlere şunu öğretir: "RAB'den korkmak kötülükten nefret etmek demektir" (Özdeyişler 8:13).

Eğer bir kişiyi tutkuyla seviyorsanız o kişinin sevdiklerini sever, sevmediklerini ise sevmezsiniz. Bunun için bir sebebiniz olması gerekmez. Kutsal Ruh'u alan Tanrı çocukları günah işlediğinde, içlerindeki Kutsal Ruh inler. Bu yüzden yüreklerinde sıkıntı duyarlar. O zaman yaptıkları şeylerden Tanrı'nın tiksindiğini fark eder ve tekrar günah işlememeye çalışırlar. Küçük kötülükleri bile söküp atmaya çalışmak ve daha fazla kötülüğü almamak önemlidir.

Tanrı'nın Sözüne ve Duaya Sığının

Kötülük öylesine anlamsız bir şeydir. Özdeyişler 22:8 ayeti şöyle der: "Fesat eken dert biçer, Gazabının değneği yok olur." Hastalıklar, bizlerin ya da çocuklarımızın üzerine düşebilir veya kaza geçirebiliriz. Yoksulluk ve ailevi sorunlar yüzünden üzüntü içinde yaşayabiliriz. Netice olarak tüm bu sorunların kaynağı kötülüktür.

Aldanmayın, Tanrı alaya alınmaz. İnsan ne ekerse onu biçer (Galatyalılar 6:7).

Kuşkusuz ki belalar derhal gözlerimizin önünde belirmez. Böyle bir vakada belli bir oranda biriken kötülük daha sonra çocuklarımızı etkileyebilir. Dünyevi insanlar bu kuralları anlamadığından pek çok farklı şekilde pek çok kötü şey yaparlar.

Örneğin kendilerine zarar veren insanlardan öç almayı normal sayarlar. Fakat Özdeyişler 20:22 ayeti şöyle der: "Bu kötülüğü sana ödeteceğim deme; RAB'bi bekle, O seni kurtarır."

Tanrı yaşamı, ölümü, talihi ve talihsizliği adaletine göre kontrol eder. Dolayısıyla Tanrı'nın Sözüne göre iyilik yaparsak, iyiliğin meyvelerini kesinlikle vereceğiz. Aynen Mısır'dan Çıkış 20:06 ayetinde vaat edildiği gibidir: "Ama beni seven, buyruklarıma uyan binlerce kuşağa sevgi gösteririm."

Kendimizi kötülükten korumak için kötülükten nefret etmeliyiz. Ve tüm bunların üzerinde her daim bolca iki şeye sahip olmalıyız. Bu iki şey Tanrı Sözü ve duadır. Gece ve gündüz Tanrı'nın sözü üzerinde derin derin düşündüğümüzde kötü düşünceleri uzaklaştırabilir, ruhani ve iyi düşüncelere sahip olabiliriz. Nasıl bir eylemin gerçek sevginin bir eylemi olduğunu anlayabiliriz.

Ayrıca dua ettikçe Sözün üzerinde daha derin düşünebilir ve böylelikle sözlerimizdeki ve amellerimizdeki kötülüğü fark edebiliriz. Kutsal Ruh'un yardımıyla kendimizi adayarak dua ettiğimizde kötülüğe hükmedebilir ve onu yüreklerimizden söküp atabiliriz. Tanrı'nın Sözü ve duayla hızla kötülüğü söküp atalım ki mutlulukla dolu bir yaşam sürdürebilelim.

10. Sevgi Haksızlığa Sevinmez

Bir toplum ne kadar gelişmiş ise, dürüst insanların başarılı olması için o kadar şans olur. Öte yandan daha az gelişmiş ülkeler daha fazla yozlaşmaya yatkındır ve hemen hemen her şey parayla halledilir. Ülkenin refahıyla ilişkili olduğundan yozlaşmaya ulusların hastalığı denir. Yozlaşma ve haksızlık ayrıca insanların yaşamlarını büyük ölçüde etkiler. Bencil insanlar gerçek bir doyuma ulaşamazlar çünkü sadece kendilerini düşünür ve başkalarını sevemezler.

Haksızlığa sevinmemek ve kötülüğün hesabını tutmamak oldukça benzerdir. 'Kötülüğün hesabını tutmamak', yürekte hiçbir kötülüğün olmamasıdır. 'Haksızlığa sevinmemek" ise utanç verici ya da yüz kızartıcı temaslarda, eylem veya davranışlarda bulunmamak ve onlara iştirak etmemektir.

Zengin bir arkadaşınızı kıskandığınızı farz edelim. Sürekli zenginliğiyle övündüğü için ayrıca ondan hoşlanmıyor olun. Şöyle düşünebilirsiniz: "O çok zengin! Ya ben? Umarım iflas eder." İşte bu, kötü şeyler düşünmektir. Ama eğer bir gün dolandırılır ve şirketi bir anda iflas ederse, "Zenginliğiyle övünüyordu. İyi olmuş!" diye düşünerek mutlu oluyorsanız, o zaman bu haksızlığa sevinmek ve haksızlıktan hoşnut olmaktır. Dahası işe iştirak etmişseniz, bu, aktif olarak haksızlığa sevinmektir.

İnanlı olmayanların bile haksız bulduğu genel anlamda haksızlıklar vardır. Örneğin bazı insanlar, kaba kuvvetle insanları tehdit ederek ya da aldatarak dürüst olmayan yollardan zengin olurlar. Bir kişi, ülkenin yasa ve kanunlarını çiğneyebilir ve şahsi kazancı için karşılığından bir şey bekleyebilir. Eğer bir hâkim rüşvet aldıktan sonra haksız bir karar verirse ve masum bir insan cezalandırılırsa, bu, herkesin gözünde haksızlıktır. Bu, bir hâkim olarak yetkinliği kötüye kullanmaktır. Bir esnaf sattığı şeyin miktarı veya kalitesinde hile yapabilir. Haksız kazanç elde etmek için ucuz ve az kaliteli ham maddeler kullanabilir. Başkalarını değil, ama kısa vadede sadece kendi çıkarlarını düşünürler. Doğrunun ne olduğunu bilir, ama başkalarını aldatmaktan çekinmezler çünkü haksız kazanca sevinirler. Aslına bakarsanız haksız kazanç için başkalarını aldatan pek çok insan vardır. Peki, ama ya bizler? Temiz olduğumuzu söyleyebilir miyiz?

Şu anlatacağım şeye benzer bir şeyin olduğunu farz edin. Devlet memurusunuz ve çok yakın arkadaşlarınızdan birinin yasadışı bir iş de büyük paralar kazandığını öğrendiniz. Yakalandığı takdirde çok ağır cezalandırılacak ve bu arkadaşınız bir süreliğine susmanız ve görmezden gelmeniz için size yüklü bir para veriyor. Hatta daha sonra size daha da fazlasını vereceğini söylüyor. O sırada ise ailenizde acil bir durum söz konusu ve yüklü miktarda paraya ihtiyacınız var. Ne yaparsınız?

Başka bir örneği inceleyelim. Bir gün banka hesabınızı kontrol ediyor ve olması gerektiğinden daha fazla paranın hesabınızda olduğunuzu görüyorsunuz. Vergi olarak düşülmesi gereken miktarın düşülmediğini öğreniyorsunuz. Bu durumda nasıl tepki verirdiniz? Onların hatası ve sorumluluğu olduğunu düşünerek sevinir miydiniz?

2. Tarihler 19:7 ayeti şöyle der: "Onun için RAB'den korkun, dikkatle yargılayın. Çünkü Tanrımız RAB kimsenin haksızlık yapmasına, kimseyi kayırmasına, rüşvet almasına göz yummaz." Tanrı hak gözetendir. O'nda hiçbir haksızlık yoktur. İnsanların gözlerinden saklanabiliriz, ama Tanrı'yı aldatamayız. Bu yüzden Tanrı'dan korkarak dürüstlükle doğru yolda yürümeliyiz.

İbrahim'i düşünün. Sodom'daki yeğeni savaşta esir alındığında sadece yeğenini değil, ama diğer insanları ve onların mallarını da kurtardı. Sodom kralı, şükranlarını göstermek için İbrahim'in krala geri getirdiği bazı şeyleri almasını istedi, ama İbrahim kabul etmedi.

Avram Sodom Kralı'na, "Yeri göğü yaratan yüce Tanrı RAB'bin önünde sana ait hiçbir şey, bir iplik, bir çarık bağı bile almayacağıma ant içerim" diye karşılık verdi, "Öyle ki, 'Avram'ı zengin ettim' demeyesin" (Yaratılış 14:22-23).

Eşi Sara öldüğünde toprak sahibi Sara'nın gömülmesi için toprağı ücretsiz teklif etti ama İbrahim kabul etmedi. Toprak için makul ücreti ödedi. Bunu yaptı ki ileride toprakla ilgili itilaflar çıkmasın. Dürüst bir insan olduğu için bunları yaptı. Haksız bir kazanç elde etmeyi istemedi. Eğer para peşinde olsaydı, kendisine kazanç getiren yoldan giderdi.

Tanrı'yı seven ve Tanrı tarafından sevilenler asla hiç kimseye zarar vermez ya da ülkenin yasalarını çiğneyerek kendi çıkarlarını gözetmezler. Dürüst çalışmalarıyla hak ettiklerinden fazla bir beklenti içinde olmazlar. Haksızlığa sevinenlerde Tanrı ya da komşu sevgisi yoktur.

Tanrı'nın Gözünde Haksızlık

Genel çerçevedeki haksızlığa nazaran Rab'bin gözündeki haksızlık biraz farklıdır. Sadece yasaları çiğnemeyi ve başkalarına zarar vermeyi değil, ama Tanrı'nın sözüne karşı olan her bir günahı kapsar. Yürekteki kötülük bir biçimde dışarı vurduğunda günahtır ve bu da haksızlıktır. Onca günah arasında özellikle haksızlıkla kastedilen benliğin işleridir.

Kısaca yürekte mevcut nefret, çekememezlik, kıskançlık ve diğer kötülükler çekişme, kavga, şiddet, dolandırıcılık ya da cinayet gibi eylemlerle fark edilir. İncil, haksızlık yapanın kurtulmasının zor olduğunu bile bizlere söyler.

1. Korintliler 6:9-10 ayetleri şöyle der: "Günahkârların, Tanrı Egemenliği'ni miras almayacağını bilmiyor musunuz? Aldanmayın! Ne fuhuş yapanlar Tanrı'nın Egemenliği'ni miras alacaktır, ne puta tapanlar, ne zina edenler, ne oğlanlar, ne oğlancılar, ne hırsızlar, ne açgözlüler, ne ayyaşlar, ne sövücüler, ne de soyguncular."

Akan, mahvıyla sonuçlanan haksızlığı seven bir insanlardan biriydi. Mısır'dan çıkan insanların ikinci kuşağından geliyordu ve çocukluğundan beri Tanrı'nın halkı için yaptığı şeyleri görmüş ve duymuştu. Gündüzleri buluttan ve geceleri ateşten kendilerine rehberlik eden sütunları görmüştü. Şeria Irmağı'ndaki suların akışının kesildiğini ve zapt edilemez Eriha kentinin bir anda yıkılışını görmüştü. Ayrıca Yeşu'nun, Tanrı'ya adanacağı için Eriha kentinden elde edilen hiçbir malı almamaları konusundaki buyruğunu gayet iyi biliyordu.

Fakat Eriha kentindeki malları gördüğü anda açgözlülüğüyle altüst oldu. Çölde uzunca bir süre kupkuru yaşadıktan sonra kentin içindeki şeyler ona çok güzel göründü. Güzel bir kaftanı, gümüş ve külçe altınları görünce Tanrı'nın sözünü ve Yeşu'nun buyruğunu unuttu ve onları kendisine sakladı.

Akan'ın Tanrı'nın Sözünü çiğneyerek işlediği bu günah yüzünden İsrail bir sonraki savaşta çok büyük kayıplar verdi. Bu kayıplar vesilesiyle Akan'ın haksızlığı su yüzüne çıktı ve ailesiyle birlikte taşlanarak öldürüldü. Taşlardan bir yığın oluştu ve bu yer Akor Vadisi diye anılır.

Ayrıca Çölde Sayım 22 ve 24 bölümlerini inceleyeniz. Balam, Tanrı'yla iletişim kurabilen biriydi. Bir gün Moav Kralı Balak, Balam'dan İsrail halkını lanetlemesini istedi. Bunun üzerine Tanrı Balam'a şöyle dedi: "Onlarla gitme! Bu halka lanet okuma, onlar kutsanmış halktır" (Çölde Sayım 22:12).

Tanrı'nın sözünü duyan Balam, Moav kralının isteğini geri çevirdi. Fakat kral kendisine altın ve gümüşler gönderince aklı başından gitti. Sonunda servet gözlerini kör etti ve İsrail halkını nasıl tuzağa düşüreceğini krala söyledi. Sonuç ne oldu? İsrailoğulları, putlara kurban edilen eti yiyerek ve zina işleyerek üzerlerine büyük sıkıntılar çektiler ve Balam'da sonunda kılıçla öldürüldü. Haksız kazancı sevmenin sonucu bu oldu.

Haksızlık, Tanrı'nın nazarında kurtuluşla doğrudan ilintilidir.

Eğer imandaki kardeşlerimizin tıpkı dünyanın inanmayan insanları gibi haksızlık ettiğini görürsek ne yapmalıyız? Kuşkusuz onlar için yas tutmalı, dua etmeli ve Söze göre yaşamaları için onlara yardım etmeliyiz. Fakat bazı inanlılar, "Bende tıpkı onlar gibi daha kolay ve daha rahat Hristiyan yaşantısı sürdürmek istiyorum" düşüncesiyle onları kıskanırlar. Eğer onlara katılıyorsanız, Rab'bi sevdiğinizi söyleyemeyiz.

Masum İsa, doğru olmayan bizleri Tanrı'ya ulaştırmak için öldü (1. Petrus 3:18). Rab'bin bu yüce sevgisini kavradıkça asla haksızlığa sevinmemeliyiz. Haksızlığa sevinmeyenler sadece haksızlığa iştirak etmemekle kalmazlar, ama aktif olarak Tanrı'nın Sözüne göre yaşarlar. O zaman Rab'bin dostları olabilir ve gönenç içinde yaşamlar sürdürebilirler (Yuhanna 15:14).

11. Sevgi Gerçek Olanla Sevinir

İsa'nın on iki öğrencisinden biri olan Yuhanna, şehit olmaktan kurtulmuş, İsa Mesih'in müjdesini ve Tanrı'nın isteğini pek çok insana yayarak yaşlanana dek yaşamıştı. Son yıllarında keyif aldığı şeylerden biri, inanlıların gerçek olan Tanrı Sözüne göre yaşamaya çalıştıklarını duymaktı.

Şöyle dedi: "Bazı kardeşler gelip senin gerçeğe bağlı kaldığına, gerçeğin izinden yürüdüğüne tanıklık edince çok sevindim. Benim için, çocuklarımın gerçeğin izinden yürüdüklerini duymaktan daha büyük bir sevinç olamaz!" (3. Yuhanna 1:3-4)

"Çok sevindim" ifadesinden ne kadar çok sevinç duyduğunu görebiliriz. Gençken gök gürültüsünün oğlu diye çağrılacak kadar çabuk öfkelenen biriydi, ama değişmiş ve sevginin elçisi olarak çağrılır olmuştu.

Eğer Tanrı'yı seviyorsak haksızlığı değil, aksine gerçeği tatbik ederiz. Ayrıca gerçekle seviniriz. Gerçekle kastedilen İsa Mesih, müjde ve Kutsal Kitap'ın 66 kitabıdır. Tanrı'yı seven ve Tanrı tarafından sevilenler kesinlikle İsa Mesih ve müjdeyle sevinirler. Göksel egemenlik genişlediğinde sevinirler. Öyleyse gerçekle sevinmek ne anlama gelir?

İlki, 'müjde' ile sevinmektir'.

'Müjde', İsa Mesih aracılığıyla kurtulup göksel egemenliğe gideceğimizin güzel haberidir. Pek çok insan, "Yaşamın amacı nedir? Değerli yaşam nedir?" gibi sorular sorarak gerçeği ararlar.

Bu sorulara yanıt bulmak için felsefeyi ve fikirleri çalışır ya da çeşitli dinler vesilesiyle yanıt almaya çalışırlar. Ama gerçek İsa Mesih'tir ve hiç kimse İsa Mesih olmadan göklere giremez. İşte bu yüzden İsa şöyle demiştir: "Yol, gerçek ve yaşam Ben'im. Benim aracılığım olmadan Baba'ya kimse gelemez" (Yuhanna 14:6).

İsa Mesih'e iman ederek kurtuluşu aldık ve sonsuz yaşamı kazandık. Rab'bin kanıyla bağışlandık ve cehennemden göksel egemenliğe yöneldik. Artık yaşamın ve değerli bir yaşam sürmenin anlamını anlıyoruz. Bu yüzden müjdeyle seviniyor olmamız öylesine doğal bir şeydir. Müjdeyle sevinenler, onu şevkle başkalarına da duyururlar. Tanrı'dan aldıkları görevleri yerine getirecek, müjdeyi duyurmak için bağlılıkla çalışacaklardır. Ayrıca Rab'be iman ederek müjdeyi duyan ve kurtuluşu alanlar içinde sevinirler. Göksel egemenlik genişlediğinde sevinirler. "O [Tanrı] bütün insanların kurtulup gerçeğin bilincine erişmesini ister" (1. Timoteos 2:4).

Fakat birçok insanı evangelize edip meyve verenleri kıskanan bazı inanlılar vardır. Bazı kiliseler, büyüyen ve Tanrı'yı yücelten diğer kiliseleri kıskanırlar. Bu, gerçekle sevinmek değildir. Yüreklerimizde ruhani sevgi varsa, Tanrı'nın egemenliğinin büyük çapta gerçekleştiğini gördüğümüzde sevineceğiz. Bir kilisenin büyüdüğünü ve Tanrı tarafından sevildiğini gördüğümüzde birlikte sevineceğiz. Bu, müjdeyle sevinmek anlamına gelen gerçekle sevinmektir.

İkincisi, gerçekle sevinmek demek, gerçeğe ait olan her şeyle sevinmek anlamına gelir.

İyilik, sevgi ve adalet gibi gerçeğe ait olan şeyleri görerek, duyarak ve yaparak sevinmektir. Gerçekle sevinenler, iyi olan ufacık eylemleri duyduklarında bile müteessir olur ve gözyaşları dökerler. Tanrı'nın sözünün gerçek olduğunu ve petekteki baldan daha tatlı olduğunu dile getirirler. Bu yüzden Kutsal Kitap'ı dinlemekten ve okumaktan sevinç duyarlar. Dahası, Tanrı'nın Sözünü tatbik etmekten sevinç duyarlar. Bizlere zorluk çıkaranlara bile "hizmet etmemizi, anlamamızı ve bağışlamamızı" söyleyen Tanrı Sözüne sevinçle itaat ederler.

Davut, Tanrı'yı seviyordu ve Tanrı'nın Tapınağını inşa etmeyi istedi. Ama Tanrı ona bu izni vermedi. Sebebi 2. Tarihler 28:3 ayetinde yazılıdır: "Adıma bir tapınak kurmayacaksın. Çünkü sen savaşçı birisin, kan döktün." Birçok savaşta bulunduğu için Davut'un kan dökmemesi kaçınılmazdı. Buna rağmen Tanrı'nın nazarında bu görevi yapmaya uygun görülmedi.

Davut'un kendisi Tapınağı inşa edemedi, ama inşası için tüm malzemeleri hazırladı ki oğlu Süleyman inşa edebilsin. Malzemeleri tüm gücüyle hazırladı ve salt bunu yapmak kendisini oldukça mutlu etti. "Halk verdiği armağanlar için seviniyordu. Çünkü herkes RAB'be içtenlikle ve gönülden vermişti. Kral Davut da çok sevinçliydi" (1. Tarihler 29:9).

Benzer şekilde gerçekle sevinenler, başkalarının iyi durumda olmasına da sevinirler. Kıskanmazlar. "Bu kişinin işi ters gitsin" gibi kötü düşünceler içinde olmak ya da başkalarının mutluluğundan mutlu olmak bu insanlar için hayal dahi edilemez. Haksız bir şeyin olduğunu gördüklerinde bundan acı duyarlar. Ayrıca gerçekle sevinenler, doğruluk ve bütünlük içinde değişmeyen bir yürek ve iyilikle sevebilirler. İyi sözler ve iyi eylemlerle sevinirler. Tanrı ayrıca Sefanya 3:17'de, "Tanrın RAB, o güçlü Kurtarıcı seninle. Alabildiğine sevinecek senin için, Sevgisiyle seni yenileyecek, ezgilerle coşacak" yazdığı gibi ezgilerle coşar.

Her daim gerçekle sevinmiyor olsanız bile cesaretinizi kaybetmemeli ve hayal kırıklığına uğramamalısınız. Elinizden gelenin en iyisi için çabalarsanız, Sevginin Tanrı'sı, bu çabayı bile 'gerçekle sevinmek' sayar.

Üçüncüsü, gerçekle sevinmek, Tanrı'nın Sözüne inanmak ve tatbik etmektir.

Daha en başından sadece gerçekle sevinen bir insan bulmak nadirdir. İçimizde karanlık ve gerçeğe ait olmayan şeyler olduğu sürece kötü şeyler düşünebilir ve haksızlıkla sevinebiliriz. Fakat azar azar değiştiğimizde ve gerçeğe ait olmayan tüm yüreği söküp çıkardığımızda tamamıyla gerçekle sevinebiliriz. O ana dek çok çabalamalıyız.

Örneğin herkes ibadet hizmetlerine katılmaktan mutlu olmaz. Yeni inanlılar ya da kıt imanlılar yorgun hissedebilir ya da yürekleri başka bir yerde olabilir. Beysbol oyununun sonuçlarını merak ediyor olabilirler ya da ertesi günkü iş toplantısı yüzünden gergin olabilirler.

Fakat kiliseye gelme ve ibadet hizmetine katılma eylemi, Tanrı'nın Sözüne itaat etmeye çaba göstermektir; gerçekle sevinmektir. Neden bu şekilde çabalamalıyız? Kurtuluşu almak ve Göksel Egemenliğe girmek için. Gerçeğin sözünü duyduğumuz ve Tanrı'ya inandığımızdan yargının ve Göksel Egemenlikle

Cehennemin olduğuna da inanırız. Göklerde farklı ödüller olduğunu bildiğimizden kutsallaşmak ve Tanrı'nın bütün evinde bağlılıkla çalışmak için daha şevkle çalışmayı deneriz. Eğer imanımızın ölçüsüyle elimizden gelenin iyisi için çabalarsak %100 gerçekle sevinmiyor olsak da gerçekle sevinmektir.

Gerçeğe Aç Olmak ve Susamak

Gerçekle sevinmek bizler için öylesine doğal olmalıdır. Ancak gerçek bize sonsuz yaşamı bahşeder ve bizleri tamamen değiştirir. Eğer gerçek olan müjdeyi duyuyor ve tatbik ediyorsak sonsuz yaşamı elde edecek ve Tanrı'nın gerçek çocukları olacağız. Göksel egemenliğe ve ruhani sevgiye umut beslediğimizden yüzlerimiz sevinçle ışıldayacak. Ayrıca gerçeğe dönüştüğümüz ölçüde mutlu olacağız çünkü Tanrı tarafından sevilecek ve kutsanacağız. Ve birçok insan tarafından da sevileceğiz.

Her daim gerçekle sevinmeliyiz ve dahası gerçeğe aç olmalı ve susamalıyız. Eğer bunu yaparsanız içtenlikle yiyecek ve içecek isteyeceksiniz. Gerçeği arzuladığımızda bunu içtenlikle yapmalıyız ki hızla gerçeğin insanına dönüşebilelim. Her daim gerçeği yiyen ve içen bir yaşam sürdürmeliyiz. Gerçeği yemek ve içmek nedir? Gerçek olan Tanrı Sözünü yüreklerimizde tutmak ve uygulamaktır.

Oldukça sevdiğimiz bir kişinin önünde olduğumuzda yüzümüzdeki mutluluğu gizlemek zordur. Tanrı'yı sevdiğimizde de durum aynıdır. Şu anda Tanrı'yla yüz yüze duramıyoruz, ama Tanrı'yı gerçekten seviyor olmamız dışa vurur. Yani gerçekle ilgili bir şey görür ve duyarsak mutlu ve memnun oluruz. Mutlu yüzlerimiz, çevremizdeki insanların gözünden kaçmaz. Sadece Tanrı'yı ve Rab'bi düşünerek şükranla gözyaşı dökeceğiz. Ve yüreklerimiz, iyiliğin küçük eylemleriyle müteessir olacak. Şükran gözyaşları ve diğer insanlar için kederle akıtılan gözyaşları gibi iyiliğe ait gözyaşları, daha sonra göklerde her birimizin evlerini süsleyen güzel birer değerli taş olacaktır. Gerçekle sevinelim ki yaşamlarımız, Tanrı'nın bizleri sevdiğinin kanıtıyla dolu olsun.

Ruhani Sevginin Özellikleri II

6. Sevgi Kaba Davranmaz

7. Sevgi Kendi Çıkarını Aramaz

8. Sevgi Kolay Kolay Öfkelenmez

9. Sevgi Kötülüğün Hesabını Tutmaz

10. Sevgi Haksızlığa Sevinmez

11. Sevgi Gerçek Olanla Sevinir

12. Sevgi Her Şeye katlanır

İsa Mesih'e iman edip Tanrı'nın Sözün göre yaşamaya çalıştığımızda katlanmamız gereken çok şey olur. Tahriğin olduğu durumlara katlanmalıyız. Ayrıca kendi arzularımız ardınca gitme eğilimimiz üzerinde özdenetim sahibi olmalıyız. İşte bu yüzden sevginin ilk özellikleri içinde sabır yer alır.

Sabırlı olmak; yürekte gerçeğe ait olmayan şeyleri söküp atmayı denedikçe bir kişinin içinde yaşadığı mücadeledir. 'Her şeye katlanmanın' geniş bir anlamı vardır. Sabırla gerçeği yüreklerimizde yetiştirdikten sonra öteki insanlar yüzünden yolumuza çıkacak olan tüm acılara katlanmalıyız. Özellikle de ruhani sevgiye uygun olmayan her şeye katlanmaktır.

İsa, bu dünyaya günahkârları kurtarmak için geldi. Peki, insanlar O'na nasıl muamele yaptı? İsa, sadece iyi şeyler yaptı ama buna rağmen insanlar O'nunla alay etti, O'nu dikkate almadı ve saygısızca davrandı. Ve sonunda da İsa'yı çarmıha gerdiler. Fakat İsa yinede tüm bu insanlardan gelen her şeye katlandı ve sürekli olarak onlar için şefaat duası etti. "Baba, onları bağışla! Çünkü ne yaptıklarını bilmiyorlar" (Luka 23:34) diye onlar için dua etti.

İsa'nın her şeye katlanmasının ve insanları sevmesinin sonucu ne oldu? Kurtarıcısı olarak İsa'ya iman eden herkes şimdi kurtuluşu alabilir ve Tanrı'nın çocuğu olabilir. Ölümden azat edildik ve sonsuz yaşama adım attık.

Bir Kore deyişi şöyle der: "İğne yapmak için ineği bile." Bu deyiş; Sabırla ve sebatla her türlü zor görevin üstesinden gelebiliriz anlamına gelir. Keskin bir iğne elde etmek için çelikten bir ineği bilemek için ne kadar zaman ve çaba gereklidir? Oldukça zor bir görev olduğundan bir kişi, "Neden iğne satın almak için ineği satmıyorsun?" diye düşünebilir.

Fakat Tanrı, isteyerek çaba göstermiştir çünkü ruhlarımızın efendisidir. Tanrı, bizleri sevdiği için çabuk öfkelenmez ve her zaman merhamet ve sevgisini bizlere göstererek katlanır. Yürekleri çelik kadar sert olmasına rağmen insanları budar ve düzeltir. Her ne kadar Tanrı'nın bir çocuğu olma şansı görünmüyor olsa da tüm insanların Kendisinin gerçek bir çocuğu olmasını bekler.

Ezilmiş kamışı kırmayacak, Tüten fitili söndürmeyecek. Ve sonunda adaleti zafere ulaştıracak (Matta 12:20).

Bu gün bile Tanrı, insanların eylemlerini görerek tüm acılara katlanmakta ve bizleri sevinçle beklemektedir. Binlerce yıldır kötü olmalarına rağmen insanlara sabır gösterir, iyilikle değişmelerini bekler. Sırtlarını Tanrı'ya dönmüş ve putlara tapıyor olsalar bile Tanrı, Kendisinin gerçek Tanrı olduğunu onlara göstermiş ve imanla onlara katlanmıştır. Eğer Tanrı, "Kötülük içindesiniz ve yardım eli size uzanmayacak. Artık size dayanamıyorum" deseydi, kaç kişi kurtulabilirdi?

Yeremya 31:3 ayetinde, "Seni sonsuz bir sevgiyle sevdim, Bu nedenle sevecenlikle seni kendime çektim" yazdığı gibi, Tanrı bizlere tükenmeyen sonsuz bir sevgiyle önderlik eder.

Büyük bir kilisenin pederi olarak vazifemi yaparken Tanrı'nın bu sabrını bir nebze olsun anlayabildim. Eksiği ve zaafı olan çok insan oldu, ama Tanrı'nın yüreğini duyumsayarak bir gün değişeceklerine ve Tanrı'yı yücelteceklerine dair imanın gözleriyle her daim onlara baktım. Ben her daim yılmadan imanla onlara sabır gösterdikçe kilisenin pek çok üyesi iyi önderler olarak yetişti.

Her seferinde onlara katlanmış olduğum zamanı bir çırpıda unutup kısa bir anlık gibi hissettim. 2. Petrus 3:8 ayetinde şöyle yazar: "Sevgili kardeşlerim, şunu unutmayın ki, Rab'bin gözünde bir gün bin yıl, bin yıl bir gün gibidir." İste bu ayetin manasını anlayabildim. Tanrı, her şeye çok uzun bir zamandan beri katlanmaktadır ama buna rağmen bu zamanı anlık sayar. Tanrı'nın bu sevgisini kavrayalım ve o sevgiyle çevremizdeki herkesi sevelim.

13. Sevgi Her Şeye İnanır

Eğer birini gerçekten seviyorsanız onun söylediği her şeye inanırsınız. Diğer kişinin bazı zaafları olsa da yine de o insana inanmaya çalışırsınız. Bir karı-koca sevgiyle birbirlerine bağlanmışlardır. Evli bir çift birbirlerini sevmemesi, birbirlerine güvenmedikleri anlamına gelir. Dolayısıyla her meselede tartışır ve birbirleriyle her konuda kuşkuya düşerler. Ciddi vakalarda aldatıldıklarına dair yanılsamalar yaşar, fiziksel ve zihinsel acılar neden olurlar. Eğer birbirlerini gerçekten seviyorlarsa tamamen birbirlerine güvenirler. Eşlerinin iyi bir insan olduğuna ve sonunda iyi şeyler yapacağına inanırlar. Ve onlar inandıkça, eşleri de kendi alanlarında mükemmelleşir ve yaptıkları şeyde başarılı olurlar.

Güven ve iman, sevginin gücünü ölçmek için bir ölçüt olabilir. Bu sebeple Tanrı'ya tamamıyla inanmak, O'nu tamamıyla sevmektir. İmanın atası İbrahim'e Tanrı'nın dostu deniyordu. İbrahim, hiç tereddüt etmeden oğlu İshak'ı kurban vermesini buyuran Tanrı'ya itaat etmişti. Bunu yapabilmişti çünkü Tanrı'ya tam anlamıyla inanıyordu. Tanrı, İbrahim'in imanını gördü ve sevgisini tasdik etti.

Sevgi inanmaktır. Tanrı'yı tam anlamıyla sevenler ayrıca O'na tam anlamıyla inanırlar. Tanrı'nın sözlerine %100 inanırlar. Ve her şeye inandıklarında da her şeye katlanırlar. Sevginin karşısında olan her şeye katlanmak için inanmalıyız. Ancak Tanrı'nın tüm sözlerine inandığımızda her şeye umut besler ve sevginin karşısında olan her şeyi söküp atarak yüreğimizin sünnetini gerçekleştirebiliriz.

Kuşkusuz ki en baştan Tanrı'yı seven biz olduğumuz için O'na inanmış değiliz. İlk önce bizi O sevmiştir ve bu gerçeğe inanarak bizlerde Tanrı'yı sevmeye başladık. Tanrı bizleri nasıl sevdi? Biricik oğlunu esirgemeden biz günahkârlar için vererek kurtuluş yolunu bizlere açtı.

Başta bu gerçeğe inanarak Tanrı'yı sevmeye başladık ama eğer ruhani sevgiyi tamamıyla yetiştirirsek, sevdiğimiz için tamamıyla inanacağımız bir seviyeye ulaşacağız. Ruhani sevgiyi tamamen yetiştirmek, yüreğimizde gerçeğe ait olmayan her şeyi çoktan söküp atmış olduğumuz anlamına gelir. Eğer yüreklerimizde gerçeğe ait olmayan hiçbir şey kalmazsa, yüreğimizin derinliklerinden inanacağımız ruhani imanı yukarıdan alacağız. İşte o zaman Tanrı'nın Sözüne asla kuşku duymayız ve Tanrı'ya olan güvenimiz asla sarsılmaz. Ayrıca ruhani sevgiyi tamamıyla yetiştirirsek herkese inanırız. İnsanlar güvenilir olduğu için değil, ama onlar zaafları ve pek çok eksiklikleriyle dopdoluyken, bizler onlara imanın gözleriyle bakarız.

Her türlü insana inanmak konusunda istekli olmalıyız. Kendimize de inanmalıyız. Pek çok zaafımız olmasına rağmen bizi değiştirecek olan Tanrı'ya inanmalı ve yakında değişeceğimiz konusunda imanın gözleriyle kendimize bakmalıyız. Yüreklerimizdeki Kutsal Ruh, bizlere hep şunu söyler: Yapabilirsiniz. Size yardım edeceğim." Eğer bu sevgiye inanır, "İyisini yapabilirim, değişebilirim" derseniz, söylediğiniz gibi imanınıza göre Tanrı bunu gerçekleştirir. İnanmak ne güzel!

Tanrı'da bize inanır. Her birimizin Tanrı'nın sevgisini

öğreneceğimize ve kurtuluş yoluna gireceğimize inanmıştır. İmanın gözleriyle bize bakmış olduğundan, esirgemeden biricik oğlu İsa'yı çarmıha gerilmesi için feda etmiştir. Tanrı, henüz Rab'bi bilmeyen ya da inanmayanların bile kurtulacağına ve Tanrı'nın yanına geleceğine inanır. Rab'be çoktan iman etmiş olanların ise Tanrı'ya oldukça andıran çocuklar olacağına inanır. Tanrı'nın bu sevgisiyle her çeşit insana inanalım.

14. Sevgi Her Şeyi Umut Eder

Şu yazıların, İngiltere Westminster Abbey'deki mezar taşlarında yazılı olduğu söylenir: "Gençliğimde dünyayı değiştirmeyi istedim ama değiştiremedim. Orta yaşa geldiğimde ailemi değiştirmeyi istedim ama değiştiremedim. Ancak ölüme yaklaşırken tüm bu şeyleri ancak kendim değiştiğim takdirde değiştirebileceğimi kavradım."

Genelde insanlar, bir kişinin hoşlanmadığı bir yanı varsa o kişiyi değiştirmeye çalışırlar. Fakat diğer insanları değiştirmek neredeyse imkânsızdır. Bazı evli çiftler, diş macununu alttan ya da üstten sıkmak gibi önemsiz meseleler üzerinde kavga ederler. Başkalarını değiştirmeye çalışmadan önce kendimizi değiştirmeliyiz. Ve sonra onlara olan sevgimizle ve değişeceklerine olan içten umutla değişmelerini bekleyebiliriz.

Her şeyi umut etmek, gerçek olacağına inandığınız her şeyin hasretini çekmek ve beklemektir. Kısaca Tanrı'yı seviyorsak, Tanrı'nın her bir sözüne inanır ve her şeyin O'nun sözüne göre olacağını umut ederiz. Güzel göksel egemenlikte sonsuza dek sevginizi Tanrı'yla paylaşacağınız günleri umut etmektir. İşte bu sebeple iman yarışınızda gelip sizi bulan her şeye katlanırsınız. Ama ya umut yoksa?

Tanrı'ya inanmayanların göksel egemenliğe umudu olmaz. Bu yüzden sadece arzularına göre yaşarlar çünkü gelecek için umut beslemezler. Daha fazla şey elde etmeye çabalar ve açgözlülüklerini doyurmanın mücadelesini verirler. Ama ne kadar çok şeye sahip olurlarsa olsunlar ve ne kadar keyfini çıkarırlarsa çıkarsınlar, gerçek bir doyuma ulaşamazlar. Yaşamlarını gelecek korkusuyla yaşarlar. Öte yandan Tanrı'ya inananlar her şeyi umut ettiklerinden dar yolu seçerler. Neden ona dar yol deriz? Çünkü o yol, Tanrı'ya iman etmeyenlerin gözünde dardır. İsa Mesih'e iman ettiğimiz ve Tanrı'nın çocukları olduğumuz için ayinlere katılmak için tüm Pazar gününü, dünyevi eğlentilere sapmadan kilisede geçiririz. Gönüllü işlerle Tanrı'nın egemenliği için çalışırız ve Tanrı'nın sözüne göre yaşamak için dua ederiz. Tüm bu şeyleri iman olmadan yapmak zordur ve bu yüzden ona, dar yol deriz.

1. Korintliler 15:19 ayetinde elçi Pavlus şöyle der: "Eğer yalnız bu yaşam için Mesih'e umut bağlamışsak, herkesten çok acınacak durumdayız." Benliğin bakış açısıyla katlanmanın ve çok çalışmanın gerektirdiği bir yaşam külfetli görünür. Fakat her şeye umut beslediğimiz bir yol, diğerine nazaran daha mutludur. Eğer çok sevdiğimiz insanlarla birlikteysek, eski püskü bir evde bile mutlu oluruz. Ve sonsuza dek göklerde Rab'le birlikte yaşayacağımız gerçeğini düşünerek ne kadar mutlu oluruz! Sadece bunu düşünerek bile heyecanlanır ve mutlu oluruz. Bu şekilde gerçek sevgiyle değişmeden beşler ve her şey gerçekten olana dek umut besleriz.

Her şeyi imanla beklemek güçlüdür. Örneğin çocuklarınızdan birinin doğru yoldan saptığını ve derslerine hiç çalışmadığını farz edin. Eğer yapabileceğini söyleyerek inanır ve değişeceğinin umuduyla ona bakarsanız, bu çocuk bile her an iyi bir çocuğa dönüşebilir. Ebeveynlerin çocuklarına olan imanı, çocuklarının gelişimini ve kendilerine olan güvenlerini teşvik eder. Kendilerine güveni olan bu çocukların, her şeyi yapabileceklerine dair imanları olur. Zorluklar üstesinden gelebilirler ve onların bu tutumu gerçekten de akademik performanslarını etkiler.

Aynısı, kiliseye gelenlerle alakadar olurken de geçerlidir. Her halükarda her hangi biri için hemen hükme varmamalıyız. "Bu insanın değişmesi çok zor görünüyor" ya da "Hala aynı" gibi düşünerek cesaretimizi kırmamalıyız. Kısa zamanda değişeceklerinin ve Tanrı'nın sevgisiyle eriyeceklerinin umuduyla herkese bakmalıyız. Onlara için dua etmeye devam etmeli, "Yapabilirsiniz" diyerek ve buna inanarak onları cesaretlendirmeliyiz.

15. Sevgi Her Şeye Dayanır

1. Korintliler 13:7 ayeti şöyle der: "[Sevgi] her şeye katlanır, her şeye inanır, her şeyi umut eder, her şeye dayanır." Eğer seviyorsanız her şeye dayanırsınız. O zaman 'dayanmak' ne anlama gelir? Sevgiye göre her şeye dayanamadığımız zaman bunun kötü sonuçları olur. Gölde ya da denizde rüzgâr varsa dalgalarda olur. Rüzgâr dindikten sonra bile dalgacıklar kalır. Her şeye dayanmamıza rağmen bu son değildir. Bunun kötü sonuçları veya ikincil etkileri olur.

Örneğin İsa, Matta 5:39 ayetinde şöyle demiştir: "Ama ben size diyorum ki, kötüye karşı direnmeyin. Sağ yanağınıza bir tokat atana öbür yanağınızı da çevirin." Söylenildiği gibi biri sağ yanağınıza tokat atsa bile gerisin geriye karşılık vermemeli, ama sadece dayanmalısınız. Bunu yaparsanız her şey bitmiş midir? Bunun ikincil etkileri olur. Acı çekersiniz. Yanağınız acır, ama yüreğinizdeki acı çok daha büyüktür. Elbette ki insanların yüreklerinde hissettikleri acıların farklı nedenleri vardır. Bazı insanlar, sebepsiz yere tokat yediklerini düşünüp öfkelendiklerinden yüreklerinde acı duyarlar. Bazıları ise öteki kişiyi kızdırdıklarına üzüldüklerinden yüreklerinde acı duyarlar. Ve yine bazıları, bir kardeşlerinin öfkesini tutmak ve daha yapıcı ve uygun bir şekilde kendini ifade etmek yerine şiddete başvurduğu için üzülebilir.

Bir şeye dayanmanın ikincil etkisi, dış koşullar neticesiyle de gelebilir. Örneğin biri, sağ yanağınıza vurmuş olsun. Ve sizde Söze göre diğer yanağınızı çevirin. O zaman sol yanağınıza da vursun. Söze göre dayanmışsınızdır ama gerçekte bu hal daha da kızışmış ve daha kötü bir hal almış görünmektedir. Daniel için böyle olmuştu. Aslan çukuruna atılacağını bilmesine rağmen ödün vermedi. Yaşamı tehdit altında olsa da Tanrı'yı sevdiğinden dolayı asla dua etmekten vazgeçmedi. Ayrıca kendisini öldürmeye çalışanlara karşı kötü davranmadı. Tanrı'nın Sözüyle dayanınca her şey Daniel için daha iyiye doğru gitti mi? Hayır! Aslan çukuruna atıldı.

Sevgiye uygun olmayan şeylere dayandığımız takdirde tüm testlerin uzaklaşacağını düşünebiliriz. Öyleyse sınamalar neden hala peşimizden gelir? Bu, bizleri mükemmel kılmak ve olağanüstü kutsamaları bahşetmek isteyen Tanrı'nın takdiri ilahisidir. Yağmura, rüzgâra ve yakan güneşe dayanan toprak sağlıklı ve güçlü hasat verir. Tanrı'nın takdiri ilahisi de böyledir ki sınamalarla Tanrı'nın gerçek çocukları olarak çıkmamız için.

Sınamalar Kutsamadır

Düşman iblis ve Şeytan, Işıkta yaşamaya çalışan Tanrı'nın çocuklarının hayatlarını aksatırlar. Şeytan, her zaman insanları suçlamak için mümkün olan her türlü hatayı arar ve azıcık bir kusurları olsa Şeytan gerçektende onları suçlar. Size kötü davranan birine dıştan dayanmanız ama içinizden hala o kişiye karşı kötü hisler beslemeniz buna bir örnektir. Düşman iblis ve Şeytan, bunu bilir ve bu duygular yüzünden size karşı suçlamalar getirirler. O zaman Tanrı, suçlamaya uygun sınamaların gelmesine izin vermek zorunda kalır. Yüreğimizde hiçbir kötülüğün olmadığı tasdik edilene dek 'arındırıcı sınamalar' diye adlandırılan testler olacaktır. Kuşkusuz ki tüm günahları söküp attıktan ve tamamen kutsallaştıktan sonra bile sınamalar olabilir. Bu gibi sınamalar, bizlere daha büyük kutsamalar bahşedilmesi içindir. Bu şekilde sadece hiç bir günaha sahip olmadığımız bir seviyede kalmamalı, ama hiçbir şekil ve suretle hiçbir leke ve kusur olmayacak şekilde ayrıca daha büyük bir sevgiyi ve daha yetkin bir iyiliği yetiştirmeliyiz.

Bu, sadece kişisel kutsamalar için geçerli değildir; aynı ilkeyi, Tanrı'nın egemenliği için çabaladığımızda da uygulamalıyız. Tanrı'nın büyük işler göstermesi için adalet terazisinin ölçüsü karşılanmalıdır. Büyük bir iman ve sevginin eylemlerini göstererek yanıtları alacağımız kaba sahip olmalıyız ki düşman iblis karşı çıkamasın.

Dolayısıyla Tanrı bazen bizler için sınamalara izin verir. Salt sevgi ve iyilikle dayanırsak, Tanrı, çok daha büyük bir zaferle Kendisini yüceltmemizi sağlar ve bizlere daha büyük ödüller bahşeder. Özellikle Rab için çektiğiniz zulüm ve zorlukların üstesinden gelirseniz, kesinlikle büyük kutsamaları alırsınız. "Benim yüzümden insanlar size sövüp zulmettikleri, yalan yere size karşı her türlü kötü sözü söyledikleri zaman ne mutlu size! Sevinin, sevinçle coşun! Çünkü göklerdeki ödülünüz büyüktür.

Sizden önce yaşayan peygamberlere de böyle zulmettiler" (Matta5:11-12).

Her Şeye katlanın, Umut Edin ve Dayanın

Eğer sevgiyle her şeye inanır ve umut ederseniz, her türlü sınamanın üstesinden gelebilirsiniz. Öyleyse her şeye nasıl inanmalı, umut etmeli ve dayanmalıyız?

İlk olarak, sınamalar esnasında son ana kadar Tanrı'nın sevgisine inanmalıyız

1. Petrus 1:7 ayeti şöyle der: "Böylelikle içtenliği kanıtlanan imanınız, İsa Mesih göründüğünde size övgü, yücelik, onur kazandıracak. İmanınız, ateşle arıtıldığı halde yok olup giden altından daha değerlidir." Bizleri arındırır ki, bu dünyadaki yaşamımız sonlandığında övgünün, yüceliğin ve onurun tadına varacak niteliklere sahip olalım.

Ayrıca dünyaya hiç ödün vermeden tamamıyla Tanrı'nın Sözüne göre yaşarsak, adil olmayan bazı sıkıntıların olacağı durumlar olabilir. Her seferinde Tanrı'nın özel bir sevgisini aldığımıza inanmalıyız. O zaman cesaretimizin kırılmasından ziyade göklerde bizi daha iyi bir yere yönlendiriyor olduğu için Tanrı'ya şükran duyarız. Ayrıca Tanrı'nın sevgisine inanmalıyız ve sonuna kadar inanmalıyız. İmanın sınamalarında bazı acılar çekilebilir.

Eğer acı şiddetliyse ve uzunca bir zamandır sürüyorsa, "Tanrı neden bana yardım etmiyor? Artık beni sevmiyor mu?" diye düşünebiliriz. Ama böyle zamanlarda Tanrı'nın sevgisini daha net hatırlamalı ve sınamalara katlanmalıyız. Bizi sevdiği için Baba Tanrı'nın bizleri çok daha iyi göksel yerlere yönlendirmek istediğine inanmalıyız. Sonuna kadar dayanırsak sonunda Tanrı'nın yetkin çocukları oluruz. "Dayanma gücü de, hiçbir eksiği olmayan, olgun, yetkin kişiler olmanız için tam bir etkinliğe erişsin" (Yakup 1:4).

İkincisi, her şeye dayanmak için sınamaların umutlarımızı gerçekleştirme de kısa yol olduğuna inanmalıyız.

Romalılar 5:3-4 ayetleri şöyle der: "Yalnız bununla değil, sıkıntılarla da övünüyoruz. Çünkü biliyoruz ki, sıkıntı dayanma gücünü, dayanma gücü Tanrı'nın beğenisini, Tanrı'nın beğenisi de umudu yaratır." Burada geçen sıkıntı, umutlarımızı gerçekleştirmek için kestirme bir yol gibidir. "Ah, ne zaman değişebilirim?" diye düşünebilirsiniz, ama dayanır ve tekrar tekrar değişmeye devam ederseniz, O zaman azar azar sonunda Tanrı'ya andıran gerçek ve yetkin bir Tanrı çocuğu olacaksınız.

Bu sebeple bir sınama geldiğinde ondan kaçınmamalı ama elinizden gelen en iyi çabayla onu geçmelisiniz. Kuşkusuz ki en kolay yolu almak doğanın bir yasası ve insanın da doğal bir arzusudur. Fakat eğer sınamalardan kaçmaya çalışırsak yolculuğumuz çok daha uzar. Örneğin diyelim ki sürekli ve her meselede size sorun çıkaran bir insan olsun. Açıkça dıştan göstermeseniz de o kişiyle her karşılaştığınızda rahatsızlık hissediyor olun. Ve bu yüzden o kişiden sadece kaçınmayı isteyin. Böyle bir durumda sadece o durumu göz ardı etmeye çalışmamalı, ama aktif olarak üstesinden gelmelisiniz. O kişinin neden olduğu güçlüklere dayanmalı ve o kişiyi gerçekten anlayan ve bağışlayan bir yüreği yetiştirmelisiniz. O zaman Tanrı, size lütfedecek ve değişeceksiniz. Aynı şekilde her bir sınama da umutlarımızı gerçekleştirme yolunda birer atlama taşı ve kestirme yol olacaktır.

Üçüncüsü, her şeye dayanmak için sadece iyi şeyler yapmalıyız.

Tanrı'nın Sözüne göre her şeye dayandıktan sonra ikincil etkilerle yüzleştiğimizde genelde insanlar Tanrı'ya yakınırlar. "Söze göre yaşadıktan sonra bile neden bu durum değişmiyor?" diyerek yakınırlar. İmanın tüm sınamalarını, düşman iblis ve Şeytan getirir. Kısaca testler ve sınamalar, iyiyle kötü arasındaki savaştır.

Bu ruhani savaşta zafer kazanmak için ruhani dünyanın kurallarına göre savaşmalıyız. Ruhani dünyanın yasasına göre sonunda kazanan iyiliktir. Romalılar 12:21 ayeti şöyle der: "Kötülüğe yenilme, kötülüğü iyilikle yen." Eğer bu şekilde iyilikle hareket edersek o an için kaybediyor görünebiliriz, ama aslında tersidir. Çünkü adil ve iyi Tanrı, insan ırkının tüm talihini, talihsizliğini, yaşamını ve ölümünü kontrol eder. Bu sebeple testler, sınamalar ve zulümlerle yüzleştiğimiz zaman sadece iyilikle hareket etmeliyiz.

Bazı inanlıların, inançsız aile fertlerince zulüm gördüğü vakalar vardır. Bu tür vakalarda inanlılar şöyle düşünebilir: "Kocam neden bu kadar kötü? Karım neden bu kadar kötü?" Fakat o zaman test daha da büyür ve uzar. Böyle bir durumda gösterilecek iyilik nedir? Sevgiyle dua etmeli ve Rab'de onlara hizmet etmelisiniz. Ailenizde parlayan bir ışık olmalısınız. Tanrı, onlara karşı sadece iyi davranırsanız en uygun vakitte işini ortaya koyacaktır. Düşman iblis ve Şeytan'ı uzaklaştıracak ve aile fertlerinizin yüreklerine de tesir edecektir. Tanrı'nın kurallarına göre iyilikle hareket ettiğinizde tüm sorunlarınız çözülecektir. Ruhani savaşta ki en güçlü silah, insanın gücü ya da bilgeliği değil, Tanrı'nın iyiliğidir. Bu yüzden sadece iyilikle dayanalım ve iyi şeyler yapalım.

Çevrenizde dayanılması oldukça zor olduğunu düşündüğünüz biri mi var? Bazı insanlar sürekli hatalar yapar, başkalarına zarar verip zorluk çıkarırlar. Bazıları çok yakınır ve küçücük şeylerde suratları asılır. Fakat eğer içinizdeki sevgiyi yetiştirirseniz, dayanamayacağınız hiç kimse olmaz. Tıpkı İsa'nın komşularımızı da kendimizi sevdiğimiz gibi sevmemizi söylediği gibi başkalarını da kendiniz gibi seversiniz (Matta 22:39).

Baba Tanrı, aynı bu şekilde bizleri anlar ve bizlere dayanır. İçinizde bu sevgiyi yetiştirene dek incili bir istiridye gibi yaşayacaksınız. Kum, yosun ya da istiridyenin bir parçası gibi yabancı maddeler istiridye ile beden arasına yerleşirse, istiridye değerli bir inciye dönüşür. Bu şekilde ruhani sevgiyi yetiştirirsek inciden yapılmış kapılardan geçecek ve Tanrı'nın tahtının bulunduğu Yeni Yeruşalim'e gireceğiz.

İnciden kapıları geçtiğiniz ve bu dünyadaki yaşamınızı hatırladığınız zamanı bir hayal edin! "Benimle ilgili her şeye katlandığın, inandığın ve dayandığın için şükürler olsun" diye Baba Tanrı'ya ikrar edebilmeliyiz çünkü O, inciler gibi güzel bir şekilde yüreklerimizi biçimlendirecektir.

Ruhani Sevginin Özellikleri III

12. Sevgi Her Şeye katlanır

13. Sevgi Her Şeye İnanır

14. Sevgi Her Şeyi Umut Eder

15. Sevgi Her Şeye Dayanır

Yetkin Sevgi

"Sevgi asla son bulmaz. Ama peygamberlikler ortadan kalkacak, diller sona erecek, bilgi ortadan kalkacaktır. Çünkü bilgimiz de peygamberliğimiz de sınırlıdır. Ne var ki, yetkin olan geldiğinde sınırlı olan ortadan kalkacaktır. Çocukken çocuk gibi konuşur, çocuk gibi anlar, çocuk gibi düşünürdüm. Yetişkin biri olunca çocukça davranışları bıraktım. Şimdi her şeyi aynadaki silik görüntü gibi görüyoruz, ama o zaman yüz yüze görüşeceğiz. Şimdi bilgim sınırlıdır, ama o zaman bilindiğim gibi tam bileceğim. İşte kalıcı olan üç şey vardır: İman, umut, sevgi. Bunların en üstünü de sevgidir."

1. Korintliler 13:8-13

Göksel egemenliğe girdiğinizde eğer yanınızda bir şet götürebilseydiniz, o ne olurdu? Altın mı? Pırlanta mı? Para mı? Tüm bu şeylerin göklerde bir faydası yoktur. Orada zaten üzerine bastığınız sokaklar saf altındandır. Baba Tanrı'nın göklerde hazırladığı yerler öylesine güzel ve değerlidir. Tanrı, yüreklerimizi anlar ve tüm çabasıyla en iyi şeyleri hazırlar. Fakat dünyadan götürebileceğimiz bir şey vardır ve o şey, göklerde öylesine değerlidir. O sevgidir. Bu dünyada yaşarken yüreklerimizde yetiştirdiğimiz sevgidir.

Sevgiye Göklerde de İhtiyaç Vardır

İnsanın yetiştirilmesi son bulduğunda ve göklere alındığımızda bu dünyadaki her şey yok olup gidecektir (Vahiy 21:1). Mezmurlar 103:15 ayeti şöyle der: "İnsana gelince, ota benzer ömrü, Kır çiçeği gibi serpilir;" Hatta zenginlik, ün ve yetkinlik gibi soyut şeylerde yok olup gidecektir. Nefret, çatışma, çekememezlik ve kıskançlık gibi tüm günahlar ve karanlık yok olacaktır.

Ama 1. Korintliler 13:8-10 ayetleri şöyle der: "Sevgi asla son bulmaz. Ama peygamberlikler ortadan kalkacak, diller sona erecek, bilgi ortadan kalkacaktır. Çünkü bilgimiz de peygamberliğimiz de sınırlıdır. Ne var ki, yetkin olan geldiğinde sınırlı olan ortadan kalkacaktır."

Peygamberlik armağanı, diller ve Tanrı bilgisi ruhani şeylerdir. Öyleyse onlar neden ortadan kalkacak? Göksel egemenlik, ruhani dünyadadır ve mükemmel bir yerdir. Göklerde her şeyi net bir şekilde bilebileceğiz. Tanrı'yla net bir şekilde iletişim halinde olsak ve peygamberlik yapsak bile geleceğin göksel egemenliğindeki her şeyi anlamaktan bunlar oldukça farklıdır. O zaman Baba Tanrı'nın Rab'bin yüreğini açıkça anlayacağız ve bu yüzden peygamberliklere gerek kalmayacak.

Aynısı diller içinde geçerlidir. Burada geçen 'diller' ile kastedilen farklı lisanlardır. Şu anda bu dünyada pek çok farklı diller vardır; dolayısıyla farklı bir dil konuşan biriyle konuşmak için onların dilini öğrenmemiz gerekir. Kültürel farklılıklar yüzünden yüreklerimizi ve düşüncelerimizi paylaşmak için oldukça zamana ve çabaya gereksinim duyarız. Aynı dili konuşuyor olsak bile insanların yüreklerini ve düşüncelerini tamamıyla anlayamayız. Akıcı ve dikkatli konuşuyor olsak da yüreklerimizle düşüncelerimizi %100 aktarmak kolay değildir. Sözler yüzünden yanlış anlayabilir ve kavgalar yaşayabiliriz. Ayrıca sözlerde de pek çok hata vardır.

Fakat eğer göklere girersek bunlarla ilgili tasalanmamıza gerek kalmaz. Göklerde sadece tek bir dil vardır. Bu yüzden başkalarını anlamama endişesi içinde olmaya gerek yok. İyi yürek olduğu gibi aktarıldığından hiçbir yanlış anlama ya da önyargı olmaz.

Aynısı bilgi içinde geçerlidir. Burada geçen 'bilgi' ile kastedilen, Tanrı'nın Sözü'nün bilgisidir. Yeryüzünde yaşadığımızda şevkle Tanrı Sözünü öğreniriz. Kutsal Kitap'ın 66 kitabıyla nasıl kurtulabileceğimizi ve sonsuz yaşamı kazanabileceğimizi öğreniriz. Tanrı'nın isteğini öğreniriz, ama bu, Tanrı'nın isteğinin sadece göklere alınmak için bilmemiz gereken kısmıdır.

Örneğin 'Birbirinizi Sevin', 'Çekememezlik etmeyin, kıskanmayın' gibi sözleri duyar, öğrenir ve uygularız. Fakat göklerde sadece sevgi vardır ve böyle bilgilere orada ihtiyacımız olmaz. Her ne kadar ruhani şeyler olsa da sonunda peygamberlik, farklı diller ve tüm bilgilerde yok olup gidecektir. Çünkü bu cismani dünyada onlara sadece geçici olarak ihtiyaç vardır.

Bu yüzden gerçeğin sözünü ve göksel egemenliği bilmek önemlidir, ama sevgiyi yetiştirmek daha önemlidir. Yüreklerimizin sünnetini gerçekleştirdiğimiz ve sevgiyi yetiştirdiğimiz ölçüde göklerin çok daha iyi bir katına girebiliriz.

Sevgi Sonsuza Dek Değerlidir

İlk aşkınızı hatırlayın. Ne kadarda mutluydunuz! Eğer birini gerçekten seviyorsak aşk kör eder dendiği gibi o kişinin sadece iyi şeylerini görürüz ve dünyadaki her şey gözümüze güzel görünür. Güneş ışıkları her zamankinden daha parlak görünür ve havadaki kokuyu bile duyumsayabiliriz. Bazı laboratuar raporları, âşık olduğumuz zaman olumsuz ve eleştirel düşüşünceleri kontrol eden beynin bölümlerinin daha az aktif olduğunu belirtmiştir. Aynı şekilde yüreğiniz Tanrı sevgisiyle doluysa, yemek yemeseniz bile öylesine mutlusunuzdur. Göklerde böylesi bir sevinç sonsuza dek sürer.

Göklerdeki yaşamımız yeryüzüne kıyasla bir çocuğun yaşamı gibidir. Konuşmaya yeni başlayan bir bebek 'anne' ve 'baba' gibi sözler söyler. Pek çok şeyi somut olarak detaylıca ifade edemez. Ayrıca çocuklar, yetişkinlerin dünyasına ait karmaşık şeyleri anlayamazlar. Çocuklar, çocukların bilgisi ve kabiliyetiyle konuşur, anlar ve düşünürler. Paranın değeri hakkında mefhumları yoktur; dolayısıyla kâğıt ve madeni para içinden doğal olarak madeni paraları alırlar. Şeker ya da lolipop almak için madeni para kullandıklarından ve kâğıt paraların değerini bilmediklerinden madeni paraların değerli olduğunu düşünürler.

Bu, bu dünyada yaşarken göksel egemenlikle ilgili kavrayışımıza benzerdir. Göklerin güzel bir yer olduğunu biliriz, ama esasen ne kadar güzel olduğunu ifade etmek zordur. Göksel egemenlikte hiçbir sınır yoktur; o yüzden güzelliğin ifadesinde sözler kifayetsiz kalır. Göklere alındığımızda sınırsız ve gizemli ruhani dünyayı, her şeyin çalışma ilkesini anlayabileceğiz. Bu, 1. Korintliler 13:11 ayetinde belirtilmiştir: "Çocukken çocuk gibi konuşur, çocuk gibi anlar, çocuk gibi düşünürdüm. Yetişkin biri olunca çocukça davranışları bıraktım."

Göksel egemenlikte hiçbir karanlık ya da tasa ve endişe yoktur. Sadece iyilik ve sevgi vardır. Dolayısıyla sevgimizi ifade edebilir, istediğimiz kadar birbirimize hizmet edebiliriz. Cismani dünyayla ruhani dünya işte böyle birbirinden tamamen farklıdır. Kuşkusuz ki bu dünyada bile her bireyin imanının ölçüsüne göre insanların anlayış ve düşüncelerinde büyük fark vardır.

1. Yuhanna bölüm 2'de imanın her seviyesi küçük çocuklara, gençlere ve babalara benzetilir. Küçük çocukların ya da çocukların iman seviyesinde olanlar ruhta henüz çocuklardır. Derin ruhsal şeyleri gerçekten anlayamazlar. Tanrı'nın sözünü tatbik edecek az

güce sahiptirler. Fakat gençler ve babalar olduklarında sözleri, düşünceleri ve eylemleri farklı olur. Tanrı'nın sözünü tatbik edecek daha fazla beceriye sahip olurlar ve karanlığın gücüne karşı verilen savaşı kazanabilirler. Fakat yeryüzünde babaların imanını başarmış olsak bile göksel egemenliğe girdiğimiz zamana kıyasla hala çocuklar gibi olduğumuzu söyleyebiliriz.

Yetkin Sevgiyi Duyumsayacağız

Çocukluk, bir yetişkin olmak için hazırlık zamanıdır ve aynı şekilde yeryüzündeki bu yaşamda sonsuz yaşama hazırlık zamanıdır. Ve bu dünya, göksel egemenliğe kıyasla bir gölge gibidir ve hızla geçip gider. Gölge, var olan bir varlık değildir. Diğer bir deyişle, gerçek değildir. Sadece gerçekten var olan bir varlığa andıran bir imgedir.

Kral Davut, tüm topluluğun önünde RAB'Bİ övdü ve şöyle dedi: "Senin önünde garibiz, yabancıyız atalarımız gibi. Yeryüzündeki günlerimiz bir gölge gibidir, kalıcı değildir" (1. Tarihler 29:15).

Bir şeyin gölgesine baktığımızda o nesnenin genel hatlarını anlayabiliriz. Bu cismani dünya, sonsuz dünya hakkında bize az bir fikir veren gölge gibidir. Yeryüzündeki yaşam olan gölge geçip gittiğinde gerçek varlık net bir şekilde açığa çıkacaktır. Şu anda ruhani dünyayı, aynaya bakarmış gibi belli belirsiz ve silik biliyoruz. Fakat göksel egemenliğe girdiğimizde yüz yüze görmüşüz gibi net bir şekilde anlayacağız.

1. Korintliler 13:12 ayeti şöyle der: "Şimdi her şeyi aynadaki

silik görüntü gibi görüyoruz, ama o zaman yüz yüze görüşeceğiz. Şimdi bilgim sınırlıdır, ama o zaman bilindiğim gibi tam bileceğim." Elçi Pavlus, sevgi ile ilgili bu bölümü, 2000 yıl önce yazdı. O zaman ki aynalar, günümüz aynaları gibi net değildi. Camdan yapılmıyorlardı. Gümüşü, tuncu ya da metali öğütür ve ışığı yansıtması için cilalarlardı. Bu yüzden aynadaki görüntü silikti. Kuşkusuz ki bazı insanlar, ruhani gözleri açıldığında göksel egemenliği daha canlı görür ve duyumsarlar. Yine de göklerin güzelliğini ve mutluluğunu silik algılarız.

Daha sonra göksel egemenliğe girdiğimizde net bir şekilde egemenliğin her bir detayını görecek ve doğrudan hissedeceğiz. Kelimelerin ötesindeki Tanrı'nın yüceliğini, kudretini ve güzelliğini öğreneceğiz.

İman, Umut ve Sevgi Arasında En Üstünü Sevgidir.

İmanımızın artması için iman v umut çok önemlidir. Ancak iman sahibi olduğumuzda kurtulabilir ve göklere girebiliriz. Ancak imanla Tanrı'nın çocukları olabiliriz. Ancak imanla kurtuluşu, sonsuz yaşamı ve göksel egemenliği kazanabildiğimizden iman çok değerlidir. Bütün hazinelerin hazinesi imandır. İman; dualarımıza yanıtlar alabildiğimiz anahtardır.

Peki ya umut? Umut da değerlidir. Göklerde çok daha iyi bir yere umut besleyerek tutunabiliriz. Dolayısıyla imanımız varsa, doğal olarak umudumuz da vardır. Eğer Tanrı'ya, Göksel

Egemenlik ve Cehennem'e kesinlikle inanıyorsak, Göklere umudumuz olur. Ayrıca umudumuz varsa kutsallaşmaya ve Tanrı'nın egemenliği için sadakatle çalışmaya çabalarız. Göksel egemenliğe ulaşana dek iman ve umut gereklidir. Fakat 1. Korintliler 13:12 ayeti sevginin üstünü olduğunu söyler, neden?

İlk olarak iman ve umut, sadece bu dünyadaki yaşamlarımız esnasında gereklidir ve göksel egemenlikte sadece ruhani sevgi kalır.

Göklerde görmeden ya da umut beslemeden hiçbir şeye inanmak zorunda olmayız çünkü orada her şey gözlerimizin önündedir. Çok sevdiğiniz biri olduğunu ve o kişiyi bir hafta ya da on yıl gibi daha da fazla görmediğinizi farz edin. On yıl sonra onunla tekrar buluştuğumuzda daha derin ve büyük duygular içinde oluruz. Ve on yıl görmediğimiz bu kişiyle buluştuktan sonra on yıl boyunca özleyeceğimiz biri olacak mı?

Aynısı Hristiyan yaşamlarımız içinde geçerlidir. Eğer gerçekten Tanrı'ya iman ediyor ve O'nu seviyorsak, geçen zamanla umudumuz ve imanımız büyür. Günler geçtikçe Rab'bi giderek daha fazla özleriz. Göklere böyle umut besleyenler, bu dünyadaki dar yoldan gitmelerine rağmen zor olduğunu söylemez ve hiçbir şey akıllarını çelmeye etkili olmaz. Ve son varış noktamız olan göksel egemenliğe ulaştığımızda artık imana ve umuda ihtiyacımız olmaz. Fakat sevgi, sonsuza dek göksel egemenlikte kalır ve işte bu yüzden İncil, en üstün olanın sevgi olduğunu söyler.

İkincisi, göklere imanla girebiliriz, ama sevgi yoksa en iyi yeri olan Yeni Yeruşalim'e gidemeyiz. İman ve umutla hareket ettiğimiz ölçüde göksel egemenliği zorlayarak alabiliriz. Tanrı'nın sözüne göre yaşadığımız, günahları söküp attığımız ve güzel bir yürek yetiştirdiğimiz ölçüde ruhani imana sahip olur ve bu ruhani imanın ölçüsüne göre göklerde şu farklı yere alınırız: Cennet, göğün birinci katı, ikinci katı, üçüncü katı ve Yeni Yeruşalim.

Cennet; salt İsa Mesih'e iman ederek kurtulacak imana sahip olanların gittiği yerdir. Yani, bu kişiler Tanrı'nın egemenliği için hiçbir şey yapmamışlardır. Göğün birinci katı; İsa Mesih'e iman ettikten sonra Tanrı'nın Sözüne göre yaşamaya çabalayanların gittiği yerdir. Burası cennetten çok daha güzel bir yerdir. Göğün ikinci katı; Tanrı'ya olan sevgileriyle Tanrı'nın sözüne göre yaşamış ve Tanrı'nın egemenliğine sadık olmuş insanların gittiği yerdir. Göğün üçüncü karı; Tanrı'yı azami ölçüde seven ve kutsallaşmak için her türlü kötülüğü söküp atmış olanların gittiği yerdir. Yeni Yeruşalim ise, Tanrı'yı hoşnut eden imana sahip olup Tanrı'nın bütün evinde sadık olanların gittiği yerdir.

Yeni Yeruşalim; imanla yetkin sevgiyi yetiştiren Tanrı'nın çocuklarının gittiği göksel bir yerdir ve orası, sevginin kristalize olduğu yerdir. Esasen Tanrı'nın biricik oğlu İsa Mesih dışında hiç kimsenin Yeni Yeruşalim'e girebilme vasfı yoktur. Fakat eğer İsa Mesih'in değerli kanıyla aklanır ve yetkin imana sahip olursak yaratılanlar olarak bizlerin de oraya girme yetkinliği olabilir.

Rab'be benzememiz ve Yeni Yeruşalim'de yaşamamız için

Rab'bin gittiği yolu takip etmeliyiz. O yol sevgidir. Ancak bu sevgiyle Kutsal Ruh'un dokuz meyvesiyle Gerçek Mutluluğun meyvelerini verebilir ve Rab'bin özelliklerine sahip Tanrı'nın gerçek çocukları olmaya layık olabiliriz. Tanrı'nın gerçek çocukları olacağımız vasıflara sahip olduğumuzda bu dünyada dilediğimiz her şeyi alır ve sonsuza dek Rab'le göklerde yürüyebileceğimiz imtiyaza sahip oluruz. Bu yüzden imanımız olduğu zaman göklere girebilir ve umudumuz olduğunda günahları söküp atabiliriz. Dolayısıyla iman ve umut kesinlikle gereklidir, ama sevgi en üstünüdür çünkü ancak sevgimiz olduğunda Yeni Yeruşalim'e girebiliriz.

"Birbirinizi sevmekten başka hiç kimseye bir şey borçlu olmayın. Çünkü başkalarını seven, Kutsal Yasa'yı yerine getirmiş olur. Zina etmeyeceksin, adam öldürmeyeceksin, çalmayacaksın, başkasının malına göz dikmeyeceksin buyrukları ve bundan başka ne buyruk varsa, şu sözde özetlenmiştir: "Komşunu kendin gibi seveceksin. Seven kişi komşusuna kötülük etmez. Bu nedenle sevmek Kutsal Yasa'yı yerine getirmektir."

Romalılar 13:8-10

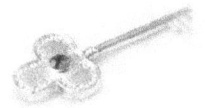

3. Kısım

Sevgi, Yasa'nın Tamamlayıcısıdır

Bölüm 1 : Tanrı'nın Sevgisi

Bölüm 2 : Mesih'in Sevgisi

Tanrı'nın Sevgisi

"Tanrı'nın bize olan sevgisini tanıdık ve buna inandık. Tanrı sevgidir. Sevgide yaşayan Tanrı'da yaşar, Tanrı da onda yaşar."

1. Yuhanna 4:16

Keçuva Kızılderilileriyle çalışırken, Elliot, saldırganlıklarıyla ün salmış Huaorani Kızılderili kabilesine ulaşmak için hazırlıklara başladı. O ve Ed McCully, Roger Youderian, Peter Fleming ve pilotları Nate Saint'den oluşan dört misyoner, hoparlör kullanarak ve hediyeleri vermek için bir sepet sarkıtarak uçaklarından onlarla temasa geçti. Birkaç ay sonra bu dört kişi, Kuraray Nehri kıyısında Kızılderili kabilesinden az uzakta bir yere üs kurmaya karar verdi. Orada birkaç kez küçük gruplar halinde gelen Huaorani Kızılderilileriyle yakınlaştılar ve hatta 'George' (gerçek adı Naenkiwi'ydi) adını verdikleri meraklı bir Huaorani'yi uçakla gezdirdiler. Bu dostane yakınlaşmalarla cesaretlenerek Huaoranileri ziyaret etmeyi planladılar. Fakat onların bu planları, Elliot ve onun dört arkadaşını 8 Ocak 1956 tarihinde öldüren daha büyük Huaoranili bir grubun gelmesiyle gerçekleşmedi. Elliot'ın kesilmiş bedeni, Ed McCully'nin bedeni dışında diğer adamlarla birlikte akıntı yönünde bulundu.

Elliot ve arkadaşları, dünya çapında şehitler olarak tanındı ve Life dergisi, onların misyonu ve ölümü hakkında 10 sayfalık bir yazı hazırladı. Onların zamanının gençliğince Hristiyan misyonerliğine ilgiyi bir kıvılcım gibi çakmakla itibar gördüler ve hala dünya çapında çalışan Hristiyan misyonerleri yüreklendirirler. Eşinin ölümünden sonra Elisabeth Elliot ve diğer misyonerler, güçlü bir etkiye sahip oldukları ve pek çoklarını Hristiyanlığa kazandırdıkları Auca Kızılderilileri arasında çalışmaya başladılar. Pek çok insan, Tanrı'nın sevgisiyle kazanıldı.

Birbirinizi sevmekten başka hiç kimseye bir şey borçlu olmayın. Çünkü başkalarını seven, Kutsal Yasa'yı yerine getirmiş olur. Zina etmeyeceksin, adam öldürmeyeceksin, çalmayacaksın, başkasının malına göz dikmeyeceksin buyrukları ve bundan başka ne buyruk varsa, şu sözde özetlenmiştir: "Komşunu kendin gibi seveceksin." Seven kişi komşusuna kötülük etmez. Bu nedenle sevmek Kutsal Yasa'yı yerine getirmektir (Romalılar 13:8-10).

Tüm sevgiler arasındaki en üstün seviyedeki sevgi, Tanrı'nın bize olan sevgisidir. Tüm şeylerin ve insanların yaratılışının kaynağı da Tanrı'nın bu sevgisinden gelmiştir.

Tanrı, tüm şeyleri ve insanları Sevgisiyle yarattı

Başlangıçta Tanrı, uçsuz bucaksız evreni kendi içinde barındırıyordu. Evren, bu gün bildiğimiz evrenden farklıydı. Başlangıcı ve sonu ve sınırları olmayan bir uzamdır. Her şey, Tanrı'nın isteği ve yüreğinde barındırdıkları doğrultusunda yapılır. Peki, Tanrı, istediği her şeyi yapabiliyor ve her şeye sahip olabiliyorsa neden insanları yarattı?

Tadına vardığı dünyanın güzelliğini paylaşabileceği gerçek çocuklar istedi. Dilediği gibi her şeyin oluverdiği uzamı paylaşmayı istedi. İnsan zihni de buna benzer. Sevdiklerimizle iyi şeyleri saklamadan paylaşmayı isteriz. Bu umutla Tanrı, gerçek çocuklarını kazanmak için insanın yetiştirilmesini planladı.

İlk adım olarak tek olan evreni, cismani ve ruhani dünya olarak ikiye ayırdı, göksel varlıkları, melekleri ve diğer ruhsal varlıklarla birlikte ruhani dünyada gerekli olan her şeyi yarattı. Kendisi için bir yer yanı sıra gerçek çocuklarının kalacağı göksel egemenlikle insanın yetiştirilme sürecinden geçeceği yeri de insanlar için yarattı. Ölçülemez bir zaman geçtikten sonra cismani dünyada güneş, ay ve yıldızlarla birlikte dünyayı ve insanın yaşaması için gerekli olan doğal çevreyi yarattı.

Tanrı'nın etrafında melekler gibi sayısız ruhsal varlıklar bulunur, ama onlar tıpkı robotlar gibi koşulsuz itaat ederler. Tanrı'nın, sevgisini paylaşabileceği varlıklar değillerdir. Bu sebeple Tanrı, sevgisini paylaşabileceği gerçek çocuklarını kazanmak için insanı kendi suretinde yaratmıştır. Eğer dilediğiniz gibi hareket eden güzel yüzlü robotlara sahip olmanız mümkün olsaydı, onları çocuklarınızın yerine koyar mıydınız? Zaman zaman çocuklarınız sözünüzü dinlemese bile sevginizi duyumsayabildikler ve size olan sevgilerini ifade edebildikleri için robotlardan çok daha sevimlidirler. Aynısı Tanrı içinde geçerlidir; Tanrı, sevgi alışverişinde bulanacağı gerçek çocuklarına sahip olmayı istedi. Ve bu sevgiyle ilk insan olan Âdem'i yarattı.

Âdem'i yarattıktan sonra doğuda, Aden adında bir bahçe dikti ve yarattığı Âdem'i oraya koydu. Aden Bahçesi, Âdem için bahşedildi. Ağaçların ve çiçeklerin gayet güzel yetiştiği, evcil hayvanların dolandığı gizemli güzel bir yerdi. Her yerinde bolca meyve mevcuttu. İpek gibi yumuşak esintileri vardı ve çimenlerin hışırtıları duyuluyordu. Su, üzerlerine düşen ışığı yansıtan değerli taşlar gibi ışıl ışıldı. İnsanın en iyi hayali bile bu yerin güzelliğini tam anlamıyla ifade etmeye yetmez.

Tanrı ayrıca Âdem'e bir yardımcı olarak Havva'yı verdi. Bunu, Âdem kendini yalnız hissettiği için yapmadı. Uzunca bir zaman Tanrı'da yalnız olduğundan Âdem'in yüreğini önceden biliyordu. Tanrı'nın bahşettiği en iyi yaşam koşulları içinde Âdem'le Havva, Tanrı'yla birlikte yürüdü ve çok ama çok uzun bir süre tüm yaratılmışların efendisi olarak büyük bir yetkinliğin tadını çıkardılar.

Tanrı, gerçek çocukları olmalarını sağlamak için insanı yetiştirir

Fakat Âdem ile Havva, Tanrı'nın çocukları olabilmelerini sağlayacak bir şeyden yoksundular. Tanrı'nın onları azami ölçüde sevmesine rağmen gerçek anlamda Tanrı'nın sevgisini duyumsayamadılar. Tanrı'nın bahşettiği her şeyin tadını çıkarıyorlardı, ama kendi çabalarıyla kazandıkları hiçbir şey yoktu. Bu nedenle Tanrı'nın sevgisinin ne değerli olduğunu anlamadılar ve kendilerine bahşedilenlere minnet duymadılar. Dahası, ölümü ve mutsuzluğu hiç yaşamamışlardı ve yaşamın değerini bilmiyorlardı. Nefreti hiç deneyim etmemiş olduklarından sevginin gerçek değerini anlamadılar. Kafada bir bilgi olarak duymalarına ve bilmelerine rağmen ilk elden asla deneyim etmemiş olmalarından dolayı yüreklerinde gerçek sevgiyi hissedemediler.

Âdem ile Havva'nın, iyilikle kötülüğün bilgisini taşıyan ağacın meyvesini yemelerinin sebebi işte burada yatar. Tanrı şöyle demişti: "Çünkü ondan yediğin gün kesinlikle ölürsün." Fakat onlar, ölümün tam anlamını bilmiyorlardı (Yaratılış 2:17). İyilikle kötülüğün bilgisini taşıyan ağacın meyvesinden yiyeceklerini Tanrı bilmiyor muydu? Biliyordu, ama yinede Âdem ile Havva'ya seçim yapmaları için özgür iradeyi bahşetti. İşte burada insanın yetiştirilmesinin takdiri ilahisi yatar.

İnsanın yetiştirilme süreciyle Tanrı, tüm insan ırkının gözyaşını, kederi, acıyı, ölümü vb. deneyim etmesini istedi ki, sonradan göksel egemenliğe alındıklarında göksel şeylerin ne kadar değerli ve kıymetli olduğunu duyumsasınlar ve gerçek mutluluğun tadına varsınlar. Tanrı, Aden Bahçesi'yle kıyaslanamayacak kadar güzel olan göklerde sonsuza dek sevgisini onlarla paylaşmayı istedi.

Tanrı'nın sözüne itaatsizlikten sonra daha fazla Aden Bahçesi'nde kalamadılar. Âdem, tüm yaratılmışların efendisi olarak yetkinliğini kaybettikten sonra tüm hayvanlarla bitkiler de lanetlendi. Bir zamanlar bereket ve güzellik içinde olan dünyada lanetlendi. Toprak diken ve çalı vermeye başladı ve alın teri dökmeden hasat alamaz oldular.

Tanrı'ya itaatsizlik etmelerine rağmen Tanrı yine de Âdem'le karısı için deriden giysiler yaptı, onları giydirdi çünkü tamamıyla farklı bir çevrede yaşayacaklardı (Yaratılış 3:21). Tanrı'nın yüreği tıpkı bir süreliğine gelecekleri için hazırlansınlar diye çocuklarını uzak yerlere göndermek zorunda kalan anne-babaların yürekleri gibi yanmış olmalı. Tanrı'nın bu sevgisine rağmen insanın yetiştirilme sürecinin başlamasından kısa bir süre sonra, insanlar günahla lekelendiler ve kendilerini hızla Tanrı'dan uzaklaştırdılar.

Romalılar 1:21-23 ayetleri şöyle der: "Tanrı'yı bildikleri halde O'nu Tanrı olarak yüceltmediler, O'na şükretmediler. Tersine, düşüncelerinde budalalığa düştüler; anlayışsız yüreklerini karanlık bürüdü. Akıllı olduklarını ileri sürerken akılsız olup çıktılar. Ölümsüz Tanrı'nın yüceliği yerine ölümlü insana, kuşlara, dört ayaklılara, sürüngenlere benzeyen putları yeğlediler."

Bu günahkâr insan ırkı için Tanrı, seçilmiş halkı İsrail vesilesiyle takdiri ilahisini ve sevgisini gösterdi. Tanrı'nın Sözüne göre yaşadıkları zaman onlara olağanüstü belirti ve harikalar gösterdi, onları bolca kutsadı. Öte yandan Tanrı'dan uzaklaşıp putlara tapındıkları ve günah işledikleri vakit sevgisini iletmeleri için pek çok peygamber gönderdi.

Bu peygamberlerden biri, İsrail'in kuzey İsrail ve güney Yahuda olarak ikiye ayrıldıktan sonra geçtiği karanlık bir döneminde çıkan Hoşea'ydı.

Bir gün Tanrı, Hoşea'ya özel bir emir verdi: "Git, kötü bir kadınla evlen, ondan zina çocukların olsun" (Hoşea 1:2). Tanrı'nın bir peygamberinin kötü bir kadınla evlenmesi hayal bile edilemezdi. Tanrı'nın niyetini tam anlamamasına rağmen Hoşea O'nun sözüne itaat etti ve Gomer'i eşi olarak aldı.

Üç çocukları oldu, ama Gomer, tutkusuna yenilip başka bir adama gitti. Buna rağmen Tanrı, Hoşea'ya karısını sevmesini söyledi (Hoşea 3:1). Hoşea onu aradı ve on beş şekel gümüş, bir

Homer bir letek arpa karşılığında satın aldı.
Hoşea'nın Gomer'e olan sevgisi, Tanrı'nın bizlere olan sevgisini simgeler. Ve kötü kadın Gomer, günahlarla lekelenmiş tüm insanları simgeler. Hoşea'nın kötü bir kadını eş olarak alması gibi, bu dünyada günahla lekelenmiş olan bizleri ilk seven Tanrı'dır.
Herkesin ölüm yolundan dönüp çocukları olacağını umut ederek sonsuz sevgisini gösterdi. Bir süreliğine dünyayı dost edinmelerine ve kendilerini Tanrı'dan uzaklaştırmalarına rağmen Tanrı, "Beni terk etini bir daha seni kabul edemem" demez. Sadece herkesin kendisine dönmesini ister ve bunu, evden kaçan çocuklarının dönmesini bekleyen ebeveynlerin yüreğinden daha içten yapar.

Tanrı çağlar öncesinden İsa Mesih'i hazırlamıştır

Luka 15'de geçen kaybolan oğul benzetmesi, Baba Tanrı'nın yüreğini açıkça ortaya koyar. Sefahat içinde yaşayan küçük oğlun ne babasına karşı minnet oldu bir yüreği vardı ne de yaşadığı hayatın değerini anlamıştı. Ve bir gün, payına düşen mirası önceden istedi. Babası hala hayattayken kendisine düşen miras payını isteyen tipik şımarık çocuktu.
Babası oğlunu durdurmadı çünkü oğlu, onun yüreğini hiç anlamamıştı ve sonunda oğluna düşen payı verdi. Mutlu oğul toparlanıp yolculuğa çıktı. Babanın acısı o anda başladı. "Ya başına bir şey gelirse? Ya kötü insanlarla karşılaşırsa?" diye düşünerek ölesiye meraklanıyordu. Oğlu için tasalandığından doğru düzgün uyuyamıyor, geri döneceğini umut ederek gözlerini ufuktan

ayırmıyordu.

Kısa zaman içinde küçük oğlun parası tükendi ve insanlardan kötü muamele görmeye başladı. Öylesine kötü durumdaydı ki domuzların yediği keçiboynuzlarıyla karnını doyurmaya can atıyor, ama kimse ona bir şey vermiyordu. Babasının evini hatırladı. Evine geri döndü, ama utancından başını kaldıramıyordu. Fakat babası koşarak yanına geldi ve oğlunu öptü. Oğlunu suçlamak yerine öylesine mutluydu ki en iyi kaftanı oğluna verdi ve kutlamak için besili danayı kestirdi. Tanrı'nın sevgisi böyledir.

Tanrı'nın sevgisi, sadece özel anlarda özel insanlara verilmez. 1. Timoteos 2:4 ayeti şöyle der: "O [Tanrı] bütün insanların kurtulup gerçeğin bilincine erişmesini ister." Her daim kurtuluşun kapılarını açık tutar ve bir kişi ne zaman Tanrı'ya geri dönse, Tanrı, o kişiyi sevinç ve mutlulukla selamlar.

Son ana kadar bizi bırakmayan Tanrı'nın bu sevgisiyle herkese kurtuluşu alacağı yol açılmıştır. Bu yüzden Tanrı, biricik oğlu İsa Mesih'i hazırlamıştır. İbraniler 9:22 ayetinde, "Nitekim Kutsal Yasa uyarınca hemen her şey kanla temiz kılınır, kan dökülmeden bağışlama olmaz" yazıldığı gibi, günahkârların ödemesi gereken ücreti değerli kanı ve yaşamıyla İsa ödedi.

1. Yuhanna 4:9 ayeti Tanrı'nın sevgisi hakkında şöyle der: "Tanrı biricik Oğlu aracılığıyla yaşayalım diye O'nu dünyaya gönderdi, böylece bizi sevdiğini gösterdi." Tanrı, insan ırkının günahlarının bedelinin ödenmesi için İsa'nın değerli kanını

akıtmasını sağladı. İsa, çarmıha gerildi, ama hiçbir günahı olmadığından ölüme galip geldi ve üçüncü gün dirildi. Bu yolla kurtuluş yolumuz açıldı. Biricik oğlunu vermesi o kadar kolay değildir. Bir Kore deyişi şöyle der: "Çocukları bedenen gözlerine sokulsa bile ebeveynler hiçbir acı hissetmez." Pek çok anne-baba, çocuklarının yaşamlarının kendilerinkinden daha önemli olduğunu duyumsar.

Bu sebeple Tanrı'nın biricik oğlunu vermesi, bizlere olan büyük sevgisini gösterir. Dahası, İsa Mesih'in kanı yoluyla geri kazandığı insanlar için göksel egemenliği hazırlamıştır. Bu ne büyük bir sevgi! Ve Tanrı'nın sevgisi bununla da sonlanmaz.

Tanrı, Göksel Egemenliğe bizleri yönlendirmesi için Kutsal Ruh'u bahşetmiştir

Tanrı, İsa Mesih'e iman edip bağışlananlara bir armağan olarak Kutsal Ruh'u verir. Kutsal Ruh, Tanrı'nın yüreğidir. Rab'bin göğe yükselişinden itibaren Tanrı, yardımcı olarak Kutsal ruh'u yüreklerimize gönderdi.

Romalılar 8:26-27 ayetleri şöyle der: "Bunun gibi, Ruh da güçsüzlüğümüzde bize yardım eder. Ne için dua etmemiz gerektiğini bilmeyiz, ama Ruh'un kendisi, sözle anlatılamaz iniltilerle bizim için aracılık eder. Yürekleri araştıran Tanrı, Ruh'un düşüncesinin ne olduğunu bilir. Çünkü Ruh, Tanrı'nın isteği uyarınca kutsallar için aracılık eder."

Günah işlediğimiz zaman Kutsal Ruh, sözlerle anlatılmayacak iniltilerle bizleri tövbeye yönlendirir. Kıt imanı olanlara iman, umutsuz olanlara umut verir. Annelerin özenle çocuklarıyla ilgilendikleri gibi, hiçbir şekilde incinmeyelim ve zarar görmeyelim diye Sesini bizlere duyurur. Bu şekilde bizleri seven Tanrı'nın yüreğini bilmemizi sağlar ve bizleri göksel egemenliğe yönlendirir.

Eğer bu sevgiyi derinden anlarsak, Tanrı'yı geri sevmekten kendimizi alamayız. Yürekten Tanrı'yı seversek, büyük ve olağanüstü sevgisine bizi boğar. Bize sağlık bahşeder, her şeyin yolunda gitmesi için bizleri kutsar. Bunu yapar çünkü bu, ruhani dünyanın yasasıdır, ama daha da önemlisi O'ndan aldığımız kutsamalar vesilesiyle bize olan Sevgisini duyumsamamızı ister: "Beni sevenleri ben de severim, Gayretle arayan beni bulur" (Özdeyişler 8:17).

Tanrı'yla ilk karşılaştığınızda, şifa ya da çeşitli sorunlarınıza çözüm bulduğunuzda ne hissettiniz? Sizin gibi bir günahkârı bilen seven Tanrı'yı hissetmişsinizdir. Yüreğinizden şöyle dediğinize inanıyorum: "Mürekkeple okyanusu doldurup gökyüzünden parşömen yapıp Tanrı'nın sevgisini yazsaydık, okyanuslar kururdu." Ayrıca hiçbir endişenin, kederin, hastalığın, ayrılığın ve ölümün olmadığı sonsuz gökleri size bahşettiği için Tanrı'nın sevgisiyle şaşkına dönerdiniz.

Tanrı'yı ilk seven biz olmadık. İlk Tanrı bize geldi ve ellerini bize uzattı. Sevilmeyi hak ettiğimiz için bizleri sevmedi. Tanrı, bizleri öylesine sevdi ki günahkârlar olup ölüme mahkûm olan bizler için biricik oğlunu bahşetti. Tüm insanları sevdi. Emzikteki çocuğunu unutmayan bir annenin sevgisinden çok daha büyük bir sevgiyle hepimizle ilgilenmektedir (Yeşaya 49:15). O'na bir, bize ise bin yıl gelen süreler boyunca bizleri beklemektedir.

Tanrı'nın sevgisi, geçen zamanla değişmeyen gerçek bir sevgidir. Daha sonra göklere alındığımızda Tanrı'nın bizler için hazırladığı güzel taçları, ışıl ışıl ince keteni, altın ve değerli taşlardan yapılmış göksel evleri gördüğümüzde ağzımız açık kalacak. Buradaki dünyevi hayatlarımızda bile bizlere ödüller ve armağanlar verir. Sonsuz görkem içersinde bizlerle birlikte olacağı günü şevkle beklemektedir. O'nun yüce sevgisini hissedelim.

Mesih'in Sevgisi

"Mesih bizi nasıl sevdiyse ve bizim için kendisini güzel kokulu bir sunu ve kurban olarak nasıl Tanrı'ya sunduysa, siz de öylece sevgi yolunda yürüyün."
Efesliler 5:2

Sevginin imkânsızı mümkün kılan büyük gücü vardır. Özellikle Tanrı'nın ve Rab'bin sevgisi gerçekten olağanüstüdür. Bir şeyi etkin yapamayan ehliyetsiz insanları, bir şey yapabilen ehil insanlara dönüştürebilir. Eğitimsiz balıkçılar, vergi görevlileri – o zamanlar günahkâr sayılan – yoksullar, dullar ve dünyanın ihmal edilmiş insanları Rab'le tanıştıklarında, hayatları tamamen değişti. Yoksullukları ve hastalıkları çözüme kavuştu ve daha önce asla hissetmedikleri gerçek sevgiyi hissettiler. Kendilerini değersiz sayıyorlardı, ama Tanrı'nın görkemli araçları olarak yeniden doğdular. Bu, sevginin gücüdür.

İsa, tüm göksel görkemi terk ederek Bu dünyaya geldi

Başlangıç da Tanrı Söz idi ve Söz, bir beden olarak bu dünyaya geldi. O beden, Tanrı'nın biricik oğludur. İsa, ölüm yolunda ilerleyen günaha bağlı insanları kurtarmak için bu dünyaya geldi. 'İsa' ismi, "Halkını günahlarından kurtaracak' anlamına gelir (Matta 1:21).

Günaha batmış bütün bu insanlar, hayvanlardan farksızdılar (Vahiy 3:18). İsa, yapmaları gerekenleri yapmaktan sapan ve hayvanlardan farksız olan insanları kurtarmak için hayvanların konulduğu yerde doğdu. Bu tür insanların gerçek ekmeği olmak için hayvanların beslendiği yemliğe yatırıldı (Yuhanna 6:51). Tanrı'nın kaybolan suretini geri kazanmaları ve görevlerini yerine getirmeleri içindi.

Ayrıca Matta 8:20 ayeti şöyle der: "İsa ona, "Tilkilerin ini, kuşların yuvası var, ama İnsanoğlu'nun başını yaslayacak bir yeri yok" dedi." Denildiği gibi, uyuyacak yeri yoktu, soğuğa ve yağmura rağmen geceleri dışarıdaydı. Pek çok kez yemek yemeden ve aç kaldı. Bunun nedeni aciz olması değil, ama bizleri yoksulluktan kurtarmaktı. 2. Korintliler 8:9 ayeti şöyle der: "Rabbimiz İsa Mesih'in lütfunu bilirsiniz. O'nun yoksulluğuyla siz zengin olasınız diye, zengin olduğu halde sizin uğrunuza yoksul oldu."

Vaizlik görevine ilk olarak suyu şaraba çevirdiği Kana'daki bir düğünde başladı. Tanrı'nın egemenliğini duyurdu, Yahudiye ve Celile bölgelerinde pek çok belirti ve harikalar ortaya koydu. Pek çok cüzamlı iyileşti, sakatlar yürümeye ve sıçramaya başladı ve cinlere tutulmuş olanlar karanlığın gücünden azat edildi. Hatta dört gün boyunca ölü olup kokusu gelen bir kişiyi diriltti (Yuhanna 11).

İnsanlar, Tanrı'nın sevgisini fark etsinler diye yeryüzündeki vaizliği esnasında olağanüstü şeyler ortaya koydu. Dahası, tanrısal özyapıya sahip ve bizzat Sözün kendisi olarak, bizlere mükemmel örnek olacak şekilde Yasayı tuttu. Ayrıca sırf Yasayı tuttuğu için Yasayı çiğneyenleri ve ölüme çarptırılanları suçlamadı. İnsanlara sadece gerçeği öğretti ki bir kişi daha tövbe edip kurtuluşu alabilsin.

Eğer İsa, herkesi katı bir şekilde Yasaya göre ölçseydi, hiç kimse kurtuluşu alamazdı. Yasa; ne yapmamızı, neyi söküp atmamızı ve neleri tutmamızı bize söyleyen Tanrı'nın buyruklarıdır. Örneğin 'Şabat Gününü kutsal sayıp tutun!', 'Komşunuzun evine göz dikmeyin!', 'Anne-babalarınıza saygı duyun!' ve 'Her türlü kötülüğü söküp atın!" gibi buyruklar bulunur. Tüm yasaların nihai varış yeri sevgidir. Eğer tüm hükümleri ve yasaları tutuyorsanız, en azından dışa dönük şekilde sevgiyi uygulayabilirsiniz.

Fakat tanrı'nın bizlerden tek istediği eylemlerimizle Yasayı tutmamız değildir. Sevgiyi yürekten uygulamamızı ister. İsa, Tanrı'nın bu yüreğini gayet iyi biliyordu ve yasayı sevgiyle tamamladı. Buna en iyi örneklerden biri, zina yaparken yakalanan kadının vakasıdır (Yuhanna 8). Bir gün din bilginleri ve Ferisiler, zina ederken yakalanmış bir kadını getirdiler. Kadını orta yere çıkararak, İsa'ya şöyle sordular: "Musa, Yasa'da bize böyle kadınların taşlanmasını buyurdu, sen ne dersin?" (Yuhanna 8:5)

Bunları İsa'yı suçlamak amacıyla söylüyorlardı. Sizce kadın o anda nasıl hissetmiş olmalı? Herkesin önünde günahı ortaya çıktığından utanmış ve taşlanarak öldürüleceği için korkudan titriyor olmalıydı. Eğer İsa, "kadını taşlayın" deseydi, taşlanarak yaşamı son bulacaktı.

Fakat İsa, Yasa'ya göre kadını cezalandırmalarını söylemedi. Aksine çömeldi ve yere parmağıyla bir şeyler yazmaya başladı. Bunlar, insanların yaygın olarak işlediği günahların adlarıydı. Onların günahlarının listesini yaptıktan sonra ayağa kalktı ve şöyle dedi: "İçinizde kim günahsızsa, ilk taşı o atsın!" (a. 7) Ve sonra tekrar çömeldi ve yine bir şeyler yazmaya başladı.

Bu sefer, ne zaman, nerede ve nasıl yapıldığını bizzat kendisi görmüş gibi oradakilerin her birinin günahlarını sıraladı. Vicdan sahibi olanlar birer birer orayı terk ettiler. Sonunda sadece İsa'yla kadın kaldı. Bir sonraki 10. ve 11. ayetlerde şöyle yazar: "İsa doğrulup ona, 'Kadın, nerede onlar? Hiçbiri seni yargılamadı mı?' diye sordu. Kadın, 'Hiçbiri, Efendim' dedi. İsa, 'Ben de seni

yargılamıyorum' dedi. 'Git, artık bundan sonra günah işleme!'"
Zinanın cezasının taşlanmak olduğunu kadın bilmiyor muydu? Elbette ki biliyordu. Yasayı biliyordu ama şehvetinin önüne geçemediğinden günahı işlemişti. Günahı ifşa olduğundan öldürülmeyi bekliyordu ve ansızın İsa tarafından bağışlanmıştı. Ne derinden sarsılmış olmalı! İsa'nın sevgisini hatırladığı sürece bir daha günah işleyemeyecekti.

İsa, Yasa'yı çiğneyen kadını sevgisiyle bağışlamış olduğuna göre, Tanrı'ya ve komşularımıza sevgimiz olduğu sürece Yasa geçersiz midir? Değildir. İsa şöyle demiştir: "Kutsal Yasa'yı ya da peygamberlerin sözlerini geçersiz kılmak için geldiğimi sanmayın. Ben geçersiz kılmaya değil, tamamlamaya geldim" (Matta 5:17).

Yasaya uyduğumuz için Tanrı'nın isteğini daha yetkin uygulayabiliriz. Tanrı'yı sevdiğini söyleyen birinin sevgisinin ne kadar derin ve geniş olduğunu ölçemeyiz. Ancak o kişinin sevgisinin ölçüsü, Yasa olduğu için kontrol edilebilir. Eğer tüm yüreğiyle gerçekten Tanrı'yı seviyorsa, Yasayı tutmak zor değildir. Dahası, Yasayı uygun şekilde tuttuğu ölçüde Tanrı'nın sevgisini ve kutsamalarını alacaktır.

Fakat İsa'nın zamanında yaşayan yasanın izleyicileri, Yasanın içerdiği Tanrı sevgisiyle ilgilenmiyorlardı. Yüreklerini kutsallaştırmaya odaklanmak yerine sadece formaliteleri tutuyorlardı. Yasayı dışa dönük tutmaktan hoşnut ve gururluydular. Yasa'yı tuttuklarını sanıyorlardı ve bu yüzden Yasayı tutmayanları yargılamak ve suçlamak da hızlıydılar. Yasanın içerdiği gerçek anlamı anlatan ve Tanrı'nın yüreğini öğreten İsa'nın yanlış ve cine tutulmuş olduğunu söylediler.

Ferisilerde hiç sevgi olmadığından Yasayı tamamıyla

tutmalarının canlarına hiçbir faydası yoktu (1. Korintliler 13:1-3). Yüreklerindeki kötülüğü söküp atmamışlardı. Tek yaptıkları başkalarını yargılamak ve suçlamaktır. Bu yüzden kendilerini Tanrı'dan uzaklaştırmışlardı. Sonunda tersine çevrilmeyecek şekilde Tanrı'nın oğlunu çarmıha germe günahını işlediler.

İsa Ölene dek İtaatle Çarmıhın Takdiri İlahisini Yerine Getirdi

İsa, üç yıllık vaizliğinin sonuna doğru sıkıntılarının başlamasından hemen önce Zeytin Dağı'na çıktı. Gecenin ilerleyen saatlerinde yüzleşeceği çarmıh için içtenlikle dua etti. Duası, tamamıyla masum olan kanıyla tüm insanları kurtarmak adına bir yakarıştı. Çarmıhın acılarının üstesinden gelecek kudreti dileyen bir duaydı. Öylesine kendini adayarak dua etti ki, teri, toprağa düşen kandamlalarına andırıyordu (Luka 22:42-44).

O gece askerler İsa'yı yakaladılar ve bir yerden ötekine götürerek sorguladılar. Sonunda Pilatus tarafından ölüme çarptırıldı. Romalı askerler, başına dikenlerden taç koydu, üzerine tükürdü ve infaz edileceği yere götürülmeden önce O'na vurdular (Matta 27:28-31).

Bedeni kanlarla kaplıydı. Tüm gece boyunca alaya maruz kalmış ve kırbaçlanmıştı. Tahtadan çarmıhı Kafatası denilen yere o bedenle taşıdı. Büyük bir kalabalık O'nu izliyordu. Bir seferinde, 'Hozana'" diye O'nu selamlayan kalabalık şimdi, "O'nu çarmıha gerin! Diye bağırıyordu. İsa'nın yüzü kan yüzünden tanınmayacak haldeydi. İşkenceyle acılara maruz kalan bedeni yüzünden tüm gücü tükenmişti ve bir adım daha atacak hali yoktu.

Kafatası denilen yere geldikten sonra bizleri günahlarımızdan kurtarmak için çarmıha gerildi. Günahın ücretinin ölüm olduğunu söyleyen Yasanın lanetinden bizleri kurtarmak için (Romalılar 6:23), tahtadan bir çarmıha gerildi ve tüm kanını akıttı. Dikenden tacı başına takarak bizleri düşüncelerimizle işlediğimiz günahlardan bağışladı. Elleri ve ayaklarından çivilenerek ellerimiz ve ayaklarımızla işlediğimiz günahlarımızı bağışladı.

Bu gerçeği bilmeyen akılsız insanlar, çarmıha gerilen İsa'yla alay ettiler (Luka 23:35-37). Fakat dayanılmaz acılar içinde dahi İsa, kendisini çarmıha gerenlerin bağışlanması için Luka 23:34 ayetinde şöyle dua etti: "İsa, 'Baba, onları bağışla' dedi. 'Çünkü ne yaptıklarını bilmiyorlar.'"

Çarmıh, tüm infaz yöntemleri arasında en gaddarca olanlardan biridir. Suçlu olan kişi, diğer cezalara nazaran nispeten daha uzun bir süre acıya maruz kalır. Eller ve ayaklar çivilenir, bedeni yırtılır. Su kaybı ciddidir ve kan deveranı bozulur. Ve bu da organların yavaş yavaş bozulmasına neden olur. Ayrıca infaz edilen kişi, kan kokusuna gelen böceklerden dolayı acı çekmek zorunda da kalır.

Sizce çarmıha gerilen İsa neler düşünüyordu? Bedeninde hissettiği dayanılmaz acıları değil, ama Tanrı'nın insanı neden yarattığını, bu dünyada onları yetiştirmesinin anlamını ve kendisinin neden insanın günahı için kurban ettiğini düşünüyor, şükran duaları ediyordu

Altı saat çarmıhta acı çektikten sonra şöyle dedi: "Susadım" (Yuhanna 19:28). Bu, ölüm yolunda giden insanları kazanmaya olan ruhani bir susuzluktu. Gelecekte bu dünyada yaşayacak olan sayısız insanı düşünerek, çarmıhın mesajının iletilmesini ve insanların kurtarılmasını bizden istiyordu.

Sonunda, "Tamamlandı!" (Yuhanna 19:30) dedi ve "Baba, ruhumu ellerine bırakıyorum!" (Luka 23:46) diyerek son nefesini verdi. Kendisini bir kurban olarak sunmak suretiyle tüm insanlara kurtuluş yolunu açtığı görevini tamamlayarak ruhunu Tanrı'nın ellerine teslim etti. İşte o an, en yüce sevginin yerine getirildiği andı.

O zamandan beri Tanrı'yla bizim aramızda duran günah duvarı yıkılmıştır ve artık doğrudan Tanrı'yla iletişim kurmamız mümkün olmuştur. Bundan önce başkahin, insanların adına günahlarının bağışlanması için kurban sunmak zorundaydı, ama artık buna gerek yoktur. İsa Mesih'e iman eden herkes Tanrı'nın kutsal mabedine gelebilir ve O'na doğrudan tapınabilir.

İsa, Sevgisiyle Göksel Yerler Hazırlamaktadır

Çarmıha gerilmeden önce öğrencilerine olacak şeyleri söylemişti. Onlara, baba Tanrı'nın takdiri ilahisini gerçekleştirmek için çarmıhı sırtlamak zorunda olduğunu söylemişti, ama öğrencileri yine de endişeliydi. Dolayısıyla onları rahatlatmak için göksel yerler hakkında konuştu.

Yuhanna 14:1-3 ayetleri şöyle der: "Yüreğiniz sıkılmasın. Tanrı'ya iman edin, bana da iman edin. Babam'ın evinde kalacak çok yer var. Öyle olmasa size söylerdim. Çünkü size yer hazırlamaya gidiyorum. Gider ve size yer hazırlarsam, siz de benim bulunduğum yerde olasınız diye yine gelip sizi yanıma alacağım."

Aslına bakarsanız ölümü yenmiş, dirilmiş ve birçok insanın gözleri önünde göğe yükselmişti. Tüm bunlar, bizlere göksel yerler hazırlaması için olmuştu. Öyleyse 'size yer hazırlamaya gidiyorum' diyerek ne demek istemiştir?

1. Yuhanna 2:2 ayeti şöyle der: "O günahlarımızı, yalnız bizim günahlarımızı değil, bütün dünyanın günahlarını da bağışlatan kurbandır." Söylenmiş olduğu gibi İsa, bizlerle Tanrı arasındaki günah duvarını yıktığından herkesin imanla göklere sahip olabileceği anlamına gelir.

Ayrıca, "Babam'ın evinde kalacak çok yer var" der ve bu, İsa'nın herkesin kurtuluşu almasını istediğini bizlere anlatır. 'Göklerde' değil, ama 'Babam'ın evinde' demiştir çünkü Tanrı'ya, İsa'nın değerli kanının işleri vesilesiyle 'Abba, Baba' diye seslenebiliriz.

Rab halen bizler için hiç durmadan şefaatte bulunmaktadır. Yemeden ve içmeden içtenlikle Tanrı'nın tahtı önünde dua eder (Matta 26:29). Dua eder ki yeryüzünde insanın yetiştirilme sürecinde zafer kazanalım ve canlarımızı gönenç içinde kılarak Tanrı'nın yüceliğini ortaya koyalım.

Dahası, insanın yetiştirilme süreci bitip Büyük Beyaz Tahtın Yargısı gerçekleştiğinde hala bizler için çalışıyor olacaktır. Yargı günü en ufak bir hata olmadan herkes yaptıklarına göre yargılanacaktır. Fakat Rab, Tanrı'nın çocuklarının avukatlığını yapacağından ve "Onların günahlarını kanımla yıkadım" diyerek savunacağından daha iyi göksel yerlere girecek ve göksel ödüller alacaklardır. Bu dünyaya geldiğinden ve insanın yaşadıklarını ilk elden deneyim ettiğinden bir avukat gibi insanlar için söz alacaktır. Mesih'in bu sevgisini tam anlamıyla nasıl anlayabiliriz?

Tanrı, biricik Oğlu İsa Mesih'in aracılığıyla sevgisini bilmemizi sağlar. Bu sevgi, İsa'nın bizler için bir damla kanını dahi esirgemediği sevgidir. Yetmiş kere yedi kez bağışlayacağı koşulsuz ve değişmeyen sevgidir. Bizi bu sevgiden kim ayırabilir?

Romalılar 8:38-39 ayetlerinde elçi Pavlus şöyle der: "Eminim ki, ne ölüm, ne yaşam, ne melekler, ne yönetimler, ne şimdiki ne gelecek zaman, ne güçler, ne yükseklik, ne derinlik, ne de yaratılmış başka bir şey bizi Rabbimiz Mesih İsa'da olan Tanrı sevgisinden ayırmaya yetecektir."

Elçi Pavlus, Tanrı'nın ve Mesih'in bu sevgisini kavradı ve Tanrı'nın isteğine tamamen itaat edip bir elçi olarak yaşamak için hayatından vazgeçti. Dahası, öteki uluslara İncil'i tanıtmak için yaşamını esirgemedi. Sayısız insanı kurtuluş yoluna taşıyacak Tanrı sevgisini uyguladı.

'Nasrani tarikatının elebaşısı' olarak çağrılmasına rağmen Pavlus tüm yaşamını vaizliğe adadı; her türlü ölçüden daha derin ve daha geniş olan Tanrı'nın ve Rab'bin sevgisini tüm dünyaya duyurdu. Yasa'yı sevgiyle tamamlayan Tanrı'nın gerçek çocukları olmanız, Tanrı'nın ve Mesih'in sevgisini birlikte paylaşarak en güzel göksel yer olan Yeni Yeruşalim'de sonsuza dek yaşamanız için Rab'bin adıyla dua ediyorum.

Yazar:
Dr. Jaerock Lee

Dr. Jaerock Lee, 1943 yılında Kore Cumhuriyeti'nin Jeonnam eyaletine bağlı Muan'da doğdu. Yirmili yaşlarında yedi yıl süren ve tedavisi mümkün olmayan birçok hastalıktan çekti ve iyileşme umudu olmadan ölümü bekledi. Fakat 1947 yılının bir bahar gününde, kız kardeşi tarafından bir kiliseye götürüldü ve orada dizlerinin üzerine dua etmek için çöktüğü anda, Yaşayan Tanrı, O'nu tüm hastalıklarından bir anda iyileştirdi.

Dr. Lee, bu olağanüstü tecrübenin akabinde karşılaştığı Yaşayan Tanrı'yı o andan itibaren tüm kalbi ve samimiyetiyle sevdi ve 1978 yılında Tanrı'ya hizmet için göreve çağrıldı. Tanrı'nın isteğini tüm berraklığıyla anlayabilmek, bütünüyle yerine getirmek için kendini adayarak dua etti ve Tanrı'nın Sözüne itaat etti. 1982 senesinde Seul, Kore'de Manmin kilisesini kurdu ve bu kilisede mucizevî şifa, belirti ve harikalar gibi Tanrı'nın sayısız işleri meydana gelmektedir.

Dr. Lee, 1986 yılında Kore İsa'nın Sungkyul kilisesinin senelik toplantısında papazlığa atandı ve 1990 yılında vaazları Avustralya, Rusya ve Filipinlerde yayınlanmaya başladı; Uzakdoğu Radyo Yayın Şirketi, Asya Radyo İstasyonu ve Washington Hristiyan Radyo Sistem yayıncılık şirketleri vesilesiyle kısa zamanda pek çok ülkeye daha ulaşıldı.

1993 yılında Manmin Kilisesi Hristiyan Dünya dergisi (ABD) tarafından "Dünyanın önde gelen 50 Kilisesi"nden biri seçildi ve Dr. Lee, Florida, ABD'de bulunan Christian Faith Üniversitesi İlahiyat Fakültesinden fahri doktora derecesini aldı. 1996 yılında ise Iowa, ABD Kingsway Theological Seminary'de papazlık üzerine doktorasını yaptı.

1993 yılından beri Dr. Lee, Tanzanya, Arjantin, Los Angeles, Baltimore City, Hawaii ve ABD New York, Uganda, Japonya, Pakistan, Kenya, Filipinler, Honduras, Hindistan, Rusya, Almanya, Peru, Kongo Demokratik Cumhuriyeti, İsrail ve Estonya olmak üzere pek çok yurtdışı misyonerlik faaliyetiyle dünyaya İncil'in müjdesini duyurmaktadır.

2002 yılında, çeşitli yurtdışı misyon faaliyetlerindeki güçlü vaizliği için, Kore'nin önde gelen Hristiyan gazeteleri tarafından "Dünya Çapında Dirilişçi" kabul edilmiştir. Özellikle öne çıkan, dünyanın en ünlü arenası olan Madison Square Garden'da 2006 yılında gerçekleştirilen New York Seferi'dir; etkinlik 220 ülkede yayınlanmıştır. 2009 yılında Kudüs Uluslararası Kongre Merkezi'nde gerçekleştirilen "Birleşmiş İsrail Seferi'nde", cesurca İsa'nın Mesih ve Kurtarıcı olduğunu ilan etmiştir.

GCN TV dâhil olmak üzere, uydular aracılığıyla vaazları 176 ülkede yayınlanmaktadır. Popüler Rus Hristiyan dergisi In Victory tarafından 2009 ve 2010 yıllarının en önde gelen 10 etkin Hristiyan önderlerinden biri, Christian Telegraph haber ajansı tarafından ise güçlü TV yayıncılığıyla vaaz ve yurtdışı kilise faaliyetleri için etkin bir önder seçilmiştir.

Mayıs 2013 tarihi itibarıyla Manmin Merkez Kilisesi'nin 120,000'den fazla cemaat üyesi bulunmaktadır. 56 yerel kilisesi dâhil olmak üzere dünya çapında 10,000 şube kilisesi bulunmaktadır ve Amerika Birleşik Devletleri, Rusya, Almanya, Kanada, Japonya, Çin, Fransa, Hindistan, Kenya ve daha fazlası olmak üzere 23 ülkeye 129'dan fazla rahip atamıştır.

En çok satanlar listesinde Ölümden Önce Sonsuz Yaşamı Tatma, Hayatım ve İmanım I&II, Çarmıhın Mesajı, İmanın Ölçüsü, Göksel Egemenlik I&II, Cehennem, Uyan İsrail, Tanrı'nın Gücü olmak üzere, bu kitabın yayınlanış tarihi itibarıyla 85 kitap yazmış ve kitapları 75'den fazla dile çevrilmiştir.

Dini makaleleri The Hankook Ilbo, The JoongAng Daily, The Chosun Ilbo, The Dong-A Ilbo, The Munhwa Ilbo, The Seoul Shinmun, The Kyunghyang Shinmun, The Korea Economic Daily, The Korea Herald, The Shisa News, ve The Christian Press dergi ve gazetelerinde yayınlanmaktadır.

Dr. Lee şu anda birçok misyonerlik kuruluşu ve derneğinin önderidir. Bunlardan bazıları şunlardır: Kore Birleşmiş Kutsallık Kilisesi Yöneticisi (The United Holiness Church of Kore); Dünya Hristiyanlığı Diriliş Misyon Kuruluşu (The World Christianity Revival Mission Association) Daimi Başkanı; Global Hristiyan Network (GCN – Global Christian Network) Kurucusu ve Yönetim Kurulu Başkanı; Dünya Hristiyan Doktorları (WCDN – The World Christan Doctors Network) Kurucusu ve Yönetim Kurulu Başkanı; Manmin Uluslararası Seminer (MIS-Manmin International Seminary) Kurucusu ve Yönetim Kurulu Başkanı.

Aynı Yazar Tarafından Yazılmış Diğer Etkili Kitaplar

Göksel Egemenlik I & II

Göksel ahalinin keyfine vardığı muhteşem güzellikte ki yaşama ortamının detaylı bir taslağı ve göksel egemenliğin farklı katlarının güzel bir açıklaması.

Çarmıhın Mesajı

Ruhani uykuda olan tüm insanların uyanmasını sağlayan güçlü bir mesaj! Bu kitapta İsa'nın niçin tek Kurtarıcı olduğunu ve Tanrı'nın gerçek sevgisini keşfedeceksiniz.

Cehennem

Tek bir canın bile cehennemin derinliklerine düşmesini arzu etmeyen Tanrı'dan tüm insanlığa içten bir mesaj! Aşağı ölüler diyarı ve cehennemin daha önce hiç açıklanmamış acımasız gerçeğini keşfedeceksiniz.

Ruh, Can ve Beden I & II

Ruh, can ve beden hakkında ruhani kavrayışa sahip olmamızı ve nasıl bir özden yaratıldığımızı keşfetmemizi sağlayan bu rehber kitap sayesinde karanlığı yenilgiye uğratmak ve ruhun insanına dönüşmek için güce sahip olabiliriz.

www.urimbooks.com

www.ingramcontent.com/pod-product-compliance
Lightning Source LLC
LaVergne TN
LVHW021814060526
838201LV00058B/3381